AUCTORES LATINI

Mary Ellen Snodgrass

When ordering this book, please specify
either **R 570 W** or AUCTORES LATINI

AMSCO SCHOOL PUBLICATIONS, INC.
315 Hudson Street / New York, N.Y. 10013

Illustrations by Ric Del Rossi

ISBN 0–87720–557–4

Printed in the United States of America

2 3 4 5 6 7 8 9 10   99 98 97 96 95 94

PREFACE

AUCTORES LATINI is a collection of Latin readings from various sources representing a wide span of time. For example, Plautus's plays date from the early years of Roman history; St. Augustine's works appeared toward the end of the Roman Empire; and Columbus's letter, written in Spanish in the last decade of the fifteenth century, was translated into Latin to make it more accessible to educated readers.

AUCTORES LATINI is intended for students who are completing or have completed the equivalent of one year of high-school Latin. Both the readings and exercises will help students develop comprehension skills and strengthen their mastery of forms and structures.

Each of the twenty chapters opens with a brief background introduction to the writer's life and the circumstances under which the passage was composed. To facilitate the flow of reading, the passage is accompanied by marginal glosses that define words and idioms with which students may not be familiar. Following the passage are skill-building exercises in vocabulary, English derivatives, structure and syntax, comprehension, library research, outlining, composition, analysis, and speech.

A follow-up passage with marginal glosses but no exercises completes each chapter. At the teacher's discretion, these passages may be used for additional reading, comprehension testing, and skill building.

A *Teacher's Manual and Key*, available separately from the publisher, includes extensive suggestions for the presentation and use of the chapter components, along with a complete key to exercises.

M.E.S.

CONTENTS

I
PLAUTUS

Menaechmi

BACKGROUND: *Before he began writing plays, Titus Maccius Plautus (ca. 254–184 B.C.) gained amateur knowledge of the theater while he worked in a flour mill. His comedies, which imitate Greek models, are famous for mix-ups, jokes, skits, song, dance, and light humor. His works remained popular for four hundred years and were revived during the Renaissance by French and English playwrights. Shakespeare used one of Plautus's best known works,* The Twin Menaechmi, *as the foundation for* A Comedy of Errors.

Act II, Menaechmus Sosicles and his slave Messenio arrive in Epidamnus, a port city on the west coast of Macedonia:

MESSENIO: Cūr Epidamnum vēnimus? Cūr omnēs insulās vīsitāmus?

MENAECHMUS: Frātrem meum petimus — gemellum meum.

MESSENIO: Quandō dēsistimus? Hic annus est sextus tuae investīgātiōnis. Eurōpae tōtam partem in marī vīsitāvimus. Sī acum petis, eam inveniēs. Frāter tuus mortuus est.

gemellum *twin*

dēsistimus *we stop*
  sextus *sixth*
  investīgātiōnis
  investigation
acum *needle*
inveniēs *you will find*

1

MENAECHMUS: Ergō, petō signum mortis eius. Tum relinquam opus meum. Mihi frāter meus cārus est.

MESSENIO: Epidamnus est oppidum pessimum in terrā! Ita nōminātum est quod viātōrēs ad Epidamnum damnātī sunt.

MENAECHMUS: Ego cūrā vigilō. Marsuppium mihi dā!

MESSENIO: Cūr?

MENAECHMUS: Tua verba timeō.

MESSENIO: Quid timēs?

MENAECHMUS: In Epidamno mē damnās. Tū amātor fēminārum es. Dēsīderō pecūniam tenēre et dēfendere.

MESSENIO: Pecūniam tenē et dēfende! Grātiās agō.

signum *proof*   **eius** *his*
   relinquam *I shall abandon*
opus *task*   **cārus** *dear*
pessimum *worst*
   nōminātum *named*
viātōrēs *travelers*
   damnātī *doomed*
vigilō *I watch*
   marsuppium *coin purse*
quid *what*
damnās *you condemn*
   amātor fēminārum *ladies' man*
grātiās agō *thank you*

EXERCISES

A. Place the verbs from the following list in the categories below:

agō	dēsistimus	relinquō	timeō
da	est	sunt	vēnimus
damnās	petimus	tenē	vigilō
dēfende	petis	tenēre	vīsitāmus
dēfendere	petō	tenēs	vīsitāvimus

1. first person singular _____

_____

2. first person plural _____

_____

3. infinitive _____

_____

4. second person singular _____

_____

5. command _____

_____

6. third person singular _____

_____

7. third person plural _____

_____

B. Match each Latin expression with its English meaning. Write the matching letter in the space provided:

1. dēsistimus _____
2. petimus _____
3. tenēs _____
4. relinquō _____
5. dēfende _____
6. petis _____
7. tenēre _____
8. grātiās agō _____
9. dēfendere _____
10. damnās _____

a. I leave
b. we stop
c. guard
d. you condemn
e. thank you
f. we are searching
g. to guard
h. you seek
i. to hold
j. you hold

C. Underline the correct English meaning for each of the following expressions:
1. fēminārum
   (a) to the woman   (b) to the women   (c) of the woman   (d) of the women
2. dēsīderō
   (a) we want   (b) I want   (c) I wanted   (d) we wanted
3. sī
   (a) since   (b) when   (c) if   (d) after
4. mihi
   (a) to me   (b) of me   (c) mine   (d) my
5. viātōrēs
   (a) road   (b) of roads   (c) to travelers   (d) travelers
6. Eurōpae
   (a) of Europe   (b) to Europe   (c) in Europe   (d) European

D. Underline the word that best completes the sentence. Then write your answer in English:
1. Menaechmus demands that Messenio give him the _____.
   (a) damnās   (b) marsuppium   (c) viātōrēs   (d) oppidum   (e) signum

2. Messenio believes that if Menaechmus were looking for a _____, he would have already found it.
   (a) acum   (b) sextus   (c) timeō   (d) grātiās   (e) curā

3. Menaechmus's brother is a _____.
   (a) opus   (b) mortis   (c) amātor   (d) gemellum   (e) insulās

4. Messenio says that Epidamnus gets its name from the fact that travelers to the city are _____.
   (a) dā   (b) dēsīderō   (c) damnātī   (d) nōminātum   (e) tū

5. The scene opens in the _____ year of Menaechmus's search.
   (a) sextus   (b) annus   (c) tōta   (d) pars   (e) marī

E. Fill in the following analogies using words from the passage:

1. one : fratrem :: two : _____

2. one : sex :: first : _____

3. one : twelve :: _____ : mēnsēs

4. _____ : pecūniam :: pocket : handkerchief

5. recipe : _____ :: attack : defend

6. stop : dēsistimus :: dead : _____

7. est : _____ :: damnat : damnās

8. timeō : a fear :: _____ : a wish

9. ego : I :: _____ : you

10. Why : _____ :: and so : ita

F. Mark the following statements either **F** for fact or **O** for opinion:

1. _____ Messenio has been known to waste money on his girlfriends.

2. _____ The purse is hidden in Messenio's cloak.

3. _____ Menaechmus is in the sixth year of his search.

4. _____ He and Messenio have visited all of Europe's coastline.

5. _____ Epidamnus is a bad place to visit.

6. _____ Menaechmus says he is being cautious in Epidamnus.

7. _____ Menaechmus wants some proof that his brother is dead.

8. _____ The brother has been dead for six years.

9. _____ In addition to the coastline, Menaechmus and Messenio are visiting the islands.

10. _____ The most dangerous people in Epidamnus are thieves.

G. Research the following questions and give a short answer in English. List the reference work you used to complete each part:

1. Who was ancient Rome's other great comedy writer?
2. What play by Plautus features a greedy man?
3. What kind of animals are known as marsupials? Why?
4. How did the early Roman theater differ from its Greek counterpart?
5. By what other name was the ancient city of Epidamnus known?
6. What sign of the zodiac is named for twins?
7. Was Rome a republic, empire, or monarchy during Plautus's lifetime?
8. In what cities would you find Cleopatra's **acus**?

9. What other common idioms besides "thank you" are made from the verb **agere**?
10. What are the positive and comparative forms of **pessimus**?

H. Select one of the following assignments to write in English:
1. Continue the exchange between Messenio and his master as they are robbed of their money.
2. Describe Menaechmus as he interviews a witness who once saw the missing twin.
3. Describe Messenio flirting with a local slave woman.
4. Make a detailed list of the cities and countries that Messenio and Menaechmus might visit as they travel about the Mediterranean Sea.
5. Describe a scene in which the twin is kidnapped.

I. Select a partner and read the parts of Menaechmus and Messenio, first in Latin and then in English.

J. Finish reading *The Twin Menaechmi* in English. Summarize in a paragraph the events that cause the most confusion in the play. Explain why Shakespeare called his version *A Comedy of Errors*.

K. On your own: Toward the end of the play, the slave Messenio helps Menaechmus and Menaechmus Sosicles to reunite. Read this passage in which the twin brothers get back together:

MESSENIO: Estne tibi nōmen Menaechmus?

MENAECHMUS: Sum Menaechmus.

MESSENIO: Esne tū Menaechmus?

MENAECHMUS SOSICLES: Ita.   **ita** *yes*

MESSENIO: Tuusne pater erat Moschus?

MENAECHMUS: Ita vērō.   **vērō** *truly*

MENAECHMUS SOSICLES: Et meus!

MESSENIO: Esne tū Syrācūsānus?   **Syrācūsānus** *from Syracuse*

MENAECHMUS: Certē.

MESSENIO: Et tū?

MENAECHMUS SOSICLES: Id cōnfirmō.   **cōnfirmō** *I confirm*

MESSENIO: Quis est māior?   **quis** *who*   **māior** *older*

MENAECHMUS: Neuter.   **neuter** *neither one*

MESSENIO: Cūr?

MENAECHMUS: Geminī sumus.   **geminī** *twins*

MENAECHMUS SOSICLES: Mī gemine frāter, salvē!   **salvē** *greetings*
　　Ego sum Sosicles.

MENAECHMUS: Ō salvē! Post miserōs labōrēs et multōs   **labōrēs** *struggles*
　　annōs!

MENAECHMUS SOSICLES: Gaudeō!   **gaudeō** *I rejoice*

II
CICERO

Dē amīcitiā
Dē senectūte

BACKGROUND: *Marcus Tullius Cicero (106–43 B.C.)*
wrote Rome's most philosophical and influential essays.
A politician who rose to the position of consul, Cicero
suffered during the political infighting that marked the
period before and after the assassination of Julius Caesar.
During this era that saw the end of the Republic and
the beginning of the Empire, Cicero turned to writing to
lift his spirits and confirm his belief in republican morals.
Unfortunately, because he supported the wrong side, he
was placed on the proscribed list of Antony's and
Octavian's enemies, and was cruelly murdered during
the purge of 43 B.C.

Some thoughts on friendship from Cicero's essay "Dē
amīcitiā," written ca. 45–44 B.C.

Mē mors Scīpiōnis movet. Amīcus firmus meus erat. Sed medicīna trīstitiae ā mē venit. Mē sānō. Trīstitiam removeō.
Mortem Scīpiōnī nōn malum esse putō. Omnēs moriuntur. Nōn immortālitātem Scīpiō voluit. Senectūs nōn est gravis, sed removet saepe potestātem. Scīpiō potestātem habuit.

trīstitiae *for sadness*
sānō *I am curing*
moriuntur *die*
voluit *wanted*
senectūs *old age*

7

Nōn corpus et animus moriuntur simul. Graecī antīquī dīxērunt animōs hominum esse dīvīnōs. Crēdidērunt animōs redīre ad caelōs sī bonī erant in terrā. Ita Scīpio assensit.

Mea vīta erat beāta ab amīcitiā Scīpiōnis. Cum eō meās cūrās pūblicās et prīvātās partīvī. In bellīs ūnā pugnāvimus. In casā eādem vītam ēgimus. Spērō memoriam amīcitiae nostrae semper esse.

Amīcitia nōn apud virōs malōs est. Bonī hominēs nātūram amant. Nātūra vītam bonam facit. Amīcitia est concordia in omnibus rēbus — hūmānīs atque dīvīnīs. Amīcitia est benevolentia ac amor.

Aliī amant pecūniam, aliī valētūdinem, aliī honōrēs, et multī etiam voluptātēs. Voluptātēs sunt fīnis animālium; cētera sunt incerta atque īnfirma.

Amīcitia dat beneficia multa. Conversātiō cum amīcō bonō dulcis est. Amīcitia numquam impedit. Amīcitia prō amōre nōmināta est. In amīcitiā nihil est falsum. Amīcitia venit ā nātūrā, ab amōre animī — nōn ā pecūniā. Haec prīmae lēgēs amīcitiae sunt:

1. Petere ab amīcīs honestātem.
2. Agere bona antequam amīcus tē rogāt.
3. Dare cōnsilium vērum.
4. Recipere cōnsilium amīcī.
5. Tenēre lēniter amīcitiās.

Stultus est habēre pecūniam, equōs, servōs, vestēs, et possessiōnes multōs — et facere nullōs amīcōs. Amīcī sunt optima ac pulcherrima pars vītae. Amīcī bonī sunt rārī — hominēs firmī et certī. Amīcī bonī sunt hominēs honestī, fidēlēs, et misericordēs. Indignī amīcī malī sunt.

Tardē accipiō amīcōs novōs. Petō hominēs quōs amāre possum et quī mē amāre possunt.

Mihi, nihil cum amīcitiā Scīpiōnis comparāre possum. Nostra amīcitia vīva est. Vīvit semper in memoriā meā.

---

animus *soul*
  simul *at the same time*
dīvīnōs *divine*
redīre *to return*
  assensit *agreed*

partīvī *I shared*
vītam ēgimus *we lived*

apud *among*
concordia *harmony*
benevolentia *kindness*

valētūdinem *health*
voluptātēs *pleasures*
  fīnis *goal*
īnfirma *unstable*

dulcis *sweet*
  impedit *gets in the way*
nōmināta est *is (named)*

antequam *before*

lēniter *gently*

stultus *foolish*

pulcherrima *most beautiful*
misericordēs *sympathetic*
indignī *unworthy*
quōs *whom*

EXERCISES

A. Locate in the passage the singular forms of the following words:

1. pecūniās _____
2. putāmus _____
3. amīcitiīs _____
4. medicīnae _____
5. mortēs _____

6. cōnsilia _____
7. conversātiōnēs _____
8. accipimus _____
9. rogant _____
10. benevolentiae _____

B. Match the Latin words with their English antonyms. Write the matching letter in the space provided:

1. firmus _____
2. gravis _____
3. possum _____
4. potestātem _____
5. pūblicās _____
6. dulcis _____
7. certī _____
8. recipere _____
9. novōs _____
10. ūnā _____

a. can't
b. sour
c. private
d. to give
e. unstable
f. unsure
g. old
h. weakness
i. apart
j. light

C. Complete the statements based on the passage with an appropriate word from the following list. You will have words left over when you finish:

advice
among
bad
before
blessed
divine
false

foolish
good
house
immortality
laws
memory

named
no
nothing
old age
rare
receive

rest
sadness
seek
some
spirit
unworthy

1. I can compare _____ with friendship.
2. To do good _____ a friend asks you.
3. It is _____ to have money, horses, slaves, and clothing.

4. The souls of men are _____ .

5. My life was _____ by Scipio's friendship.

6. I _____ people whom I can love.

7. Scipio did not want _____ .

8. There is no friendship among _____ men.

9. From love of the _____ — not from money.

10. _____ want money, others health.

11. In the same _____ we lived.

12. Good friends are _____ — firm and sure people.

D. Match the grammatical forms with their Latin examples. If more than one answer fits, give all letters. Write the matching letter(s) in the space provided:

1. infinitive _____

2. accusative case _____

3. perfect tense _____

4. adjective _____

5. nominative case _____

6. adverb _____

7. ablative case _____

8. genitive case _____

9. pronoun _____

10. conjunction _____

a. vērum
b. dixērunt
c. Scīpiō
d. tenēre
e. casā
f. stultus
g. aliī
h. lēniter
i. bellīs
j. amīcitiās
k. animālium
l. sed
m. esse
n. tardē
o. mē

E. Express each group of words in English:

1. optima ac pulcherrima pars _____

_____

2. et facere nullōs amīcōs _____

_____

3. removet saepe potestātem _____

_____

4. concordia in omnibus rēbus _____

_____

5. vīvit semper in memoriā meā _____

_____

F. Underline a word that is a different part of speech from the other words in each line. Then name the part of speech of the other four words:

1. accipiō, petō, numquam, possum, sunt   _____

2. amōre, possessiōnēs, rēbus, īnfirma, vestēs   _____

3. tē, tardē, nōn, simul, ita   _____

4. malī, antequam, omnibus, fidēlēs, gravis   _____

5. rogāt, pugnāvimus, amant, habuit, trīstitiae   _____

G. Place each of the following verbs in the appropriate category:

accipiō	est	movet	removeō
agere	facit	petō	rogāt
dare	habēre	possum	spērō
ēgimus	habuit	possunt	sunt
erant	impedit	pugnāvimus	vīvit

1. first person singular _____

_____

2. third person singular _____

_____

3. first person plural _____

_____

4. third person plural _____

_____

5. infinitive _____

_____

H. Express each question below in English. Then answer each question with words from the passage:

1. Quis erat amīcus quī mortuus est? _____

_____

2. Ā quō verbō venit "amīcitia"? _____
_____

3. Quī animōs redīre ad caelōs crēdidērunt? _____
_____

4. Ubī Scīpiō vīvit? _____
_____

5. Quī optima ac pulcherrima pars vītae sunt? _____
_____

I. Compose a letter to Cicero in which you describe your own experiences with friendships, both short-term and lasting.

J. Compose an epitaph for Cicero, elected Roman consul in 63 B.C. Include information about his career and family.

K. Paraphrase Cicero's first laws of friendship into simple English. Add laws of your own as a guide to lasting friendships.

L. On your own: Cicero wrote on many subjects. The following observations on old age come from his essay "Dē senectūte," which he wrote in the last two years of his life:

Scrībō dē senectūte. Hoc onus levāre volō. Senectūs mihi certē venit. Hic liber mala senectūtis removet. Senectūtem facilem et beātam facit. Philosophia praeparat hominēs fēlīciter vītam discēdere.

Ego multōs cognōvī quī senectūtem tolerāvērunt sine difficultātibus. Illī nōn miserī erant. Quaestiō senectūtis mōrēs, nōn aetās est. Senēs moderātī tranquillam senectūtem agunt. Senēs immoderātī omnēs partēs vītae despiciunt.

Dēestne senectūtī industria ūtilis? Ē contrāriō, senex similis gubernātōris in nāve est. Quiētē sedet et clāvum tenet. Nōn vīribus aut vēlōcitāte labōrāt, sed cōnsiliō auctōritāteque. Senectūs nōn misera sed bona est.

Levis est senectūs, nec mala. Etiam iūcunda est. Nam nātūra fīnem omnium rērum dat — sīc vīta habet fīnem. Senectūs scaena ultima est. Dēbēmus discēdere quandō satis habuimus.

onus burden
levāre to lighten

fēlīciter favorably

quaestiō problem
mōrēs character
aetās age
moderātī temperate
immoderātī intemperate
despiciunt detest
dēestne is there lacking
industriam activity
ē contrāriō on the contrary
gubernātōris pilot
clāvum tiller
vīribus strength
vēlōcitāte speed
scaena ultima last act
satis enough

III
JULIUS
CAESAR

Dē bellō Gallicō

BACKGROUND: *Gaius Julius Caesar (100–44
B.C.), Rome's distinguished military leader and public
speaker, was born of a noble family. He followed the
prescribed path to greatness by advancing from priest
of Jupiter to quaestor, aedile, pontifex maximus,
praetor, propraetor, consul, and ultimately dictator for
life. In characteristic style, he turned an early setback
into political gain after his enemies had him appointed
proconsul to the northern provinces to remove him from
the Roman political arena. His brilliant strategies
during the Gallic wars from 58–52 B.C., as revealed
in his Gallic Commentaries, set the stage for a
triumphant return to Rome, where he quickly rose to
the height of power.*

*This passage, taken from Book VII (51 B.C.), reveals
a dramatic moment in the final confrontation of Roman
legions with the combined force of fourteen Gallic
tribes, led by Caesar's old enemy, Vercingetorix. Near
the gates of Avaricum (modern-day Bourges in central
France), the Gauls suffer a severe setback, but their
leader's stirring exhortation revives their spirits.*

Gravis imber erat ūtilis legiōnibus Rōmānīs. Gallī in mūrō nōn dīligenter vigilābant.

imber *rain*
vigilābant *were watching*

Ad legiōnēs Caesar dīxit: "Victōria vestra magna est. Prīmīs Rōmānīs mīlitibus trans mūrōs praemia dabō." Signum proelī imperātor dedit.

dabō *I shall give*
imperātor *commander in chief*

Hostēs territī sunt. Dēiectī ā mūrīs in terram sunt. Rōmānī per portās in forum Avāricī cucurrērunt.

hostēs *enemies*
  territī *terrified*
  dēiectī *thrown down*
angustās *narrow*

Gallī in portās angustās mōvērunt. Rōmānī interfēcērunt virōs, fēminās, infantēs, et senēs. XL mīlia hostium mātūrāvērunt ad portās. DCCC vīvī remānsērunt.

Vercingetorix Gallōs convocāvit. Dīxit: "Fortēs estis sed Rōmānī scientiam bellī intellegunt. Artificiō vōs superāvērunt. Gallī nūllum ūsum in artificiīs habent.

intellegunt *understand*
  artificiō *trickery*
ūsum *experience*

Commūnem salūtem petite. Castra fortia mūnīte. Impetūs Rōmānōrum impedīte."

Haec ōrātiō grāta Gallīs fuit. Vercingetorix auxilium populīs dedit. Dignitātem auxit. Gallī spem habuērunt. Ūnā labōrāvērunt. Castra mūnīvērunt.

mūnīte *fortify*
  impetūs *attack*
impedīte *stop*
haec *this*

dignitātem *worthiness*
  auxit *increased*
  spem *hope* **ūnā** *together*

EXERCISES

A. Locate expressions from the text that have the following meanings:

1. He increased his dignity. _____

_____

2. men, women, children, and old people _____

_____

3. to the first Roman soldiers across the walls _____

_____

4. no experience with tricks _____

_____

5. thrown down from the walls onto the ground _____

_____

6. hurried to the gates _____

_____

7. were not watching carefully _____

_____

8. rain was useful to the legions _____

_____

9. gave the battle signal _____

_____

10. understand the science of war _____

_____

B. Match the Latin words with their description. Note that some answers may be used more than once. Write the matching letter in the space provided:

1. ūnā   _____
2. scientiam _____
3. estis   _____
4. castra   _____
5. per   _____
6. gravis   _____
7. sed   _____
8. trans   _____
9. nōn   _____
10. prīmīs   _____

a. conjunction
b. noun
c. preposition
d. verb
e. adverb
f. adjective

C. Locate words in the passage that have the same root word as each of the following English words:

1. auxiliary _____
2. millipede _____
3. vigilant _____
4. portals _____
5. concurrent _____
6. Gallic _____
7. fortification _____
8. virile _____
9. orator _____
10. annul _____

D. Using your knowledge of root words, select a word from Exercise C that fits each of the following synonyms:

1. gates _____
2. French _____
3. speaker _____
4. watchful _____
5. manly _____
6. supplementary _____

E. Select a Latin word in the story to complete each statement below:

1. Before the battle of Avaricum, Caesar's legions find the heavy _____ useful.

2. Vercingetorix makes his speech to the _____, who are defeated at Avaricum.

3. The Gauls work hard to fortify the camp against an _____ of the enemy.

4. On the day of the assault at Avaricum, the Gauls are not watching carefully on the _____.

5. The Gauls run for their lives toward the narrow _____ of the city.

6. Vercingetorix insists that the Romans won the battle by _____.

7. He urges his people to _____ a strong camp.

8. The Gauls find his _____ pleasing.

9. Caesar promises _____ to the first soldiers crossing the wall.

10. The Romans spare no one — not men, women, children, or _____.

F. Underline the Latin word that modifies each of the following English words. There may be more than one answer for each. Then translate each Latin term into English:

1. enemy: territī, salūtem, ūnā, nūllum, fortia

   _____

2. rain: grāta, gravis, magna, DCCC, ūtilis

   _____

3. victory: dīligenter, prīmīs, vestra, magna, artificiīs

   _____

4. you (are): spem, fortēs, Rōmānī, haec, infantēs

   _____

5. experience: trans, proelī, forum, angustās, commūnem

   _____

G. Give the plural for each of these forms:

1. Rōmānī _____
2. artificiō _____
3. intellegit _____
4. prīmō _____
5. portam _____
6. Gallus _____
7. superāvit _____
8. legiōne _____
9. es _____
10. mātūrāvit _____

H. Select one of the following topics and outline a short, informative oral presentation in English:

1. Caesar's siege devices
2. Gaul in the first century B.C.
3. The Roman camp
4. The Roman cavalry
5. Roman numerals
6. The Roman political ladder

I. Compose a paragraph in which you explain why it would be to any leader's advantage to describe an adversary as wise and capable.

J. Make a list of ten verbs in the passage and name an English derivative for each.

K. On your own: The last paragraphs of Book VII of *Dē bellō Gallicō* describe how Caesar ended his eight-year campaign in Gaul. Read this passage in which Caesar returns victorious to Italy, campaigning for himself and Mark Antony along the way (Note these abbreviations: M = Marcus, T = Titus, C = Caius.):

Post bellum Caesar apud Belgās hiemāvit. Petīvit pācem in Galliā. Amīcitiam Gallīs dare dēsīderāvit. Facile pācem fēcit in Galliā honōre et clēmentiā.

Post hiemem, in Ītaliam Cisalpīnam maturāvit. Commendāvit M. Antōnium, candidātum sacerdōtī. In viā, oppida et colōniās Caesar vīsitāvit. Pācem cum Gallīs facere temptāvit. Ōmina spectāvit.

Populus Caesarem amāvit. Rōmae erant ōrnāmenta in portīs, in viīs — in locīs omnibus in quibus Caesar ambulāvit. Multitūdō cum līberīs prōcēdēbat. In templīs colēbant. Laetitia triumphī magnī terram complēvit. Magna erat magnificentia apud opulentēs. Humiliōrēs cupidī erant.

Caesar ducēs bonōs habuit. T. Labiēnum Galliae Rōmānae Caesar praefēcit. C. Trebōnium cum legiōnibus IV in Belgās mīsit. C. Fabius legiōnēs IV in Aeduōs dūxit. Tūta erat Gallia. Caesar in Ītaliam prōcessit. Salūtem populōrum dēsīderāvit.

hiemāvit *spent the winter*

clēmentiā *lenience*

hiemem *winter*
Ītaliam Cisalpīnam *Roman colonies south of the Alps*
commendāvit *supported*
candidātum *candidate*
sacerdōtī *priest*
colōniās *settlements*
ōmina *omens*
ōrnāmenta *decorations*
multitūdō *crowd, throng*
colēbant *worshiped*
Laetitia *happiness*
complēvit *filled*
magnificentia *splendor*
opulentēs *rich*
humiliōrēs *poor*
cupidī *eager*
praefēcit *put in charge of*
in Aeduōs *among the Haeduans*   tūta *safe*

IV
CATULLUS
Miser passer
Avē atque valē

BACKGROUND: *The most passionate of Rome's love poets, Gaius Valerius Catullus (ca. 87–ca. 54 B.C.), was a contemporary of Julius Caesar, Virgil, Horace, and Cicero. A country boy who moved to the big city, Catullus was taken in by the glamorous lifestyle of the rich and famous. He fell in love with Clodia Metelli, the wife of a wealthy and influential bureaucrat, but the relationship was turbulent and unhappy. At the age of 32, Catullus died, leaving a small volume of plaintive, melodic verse.*

This dramatic poem, written in memory of the sparrow that the poet's fictional Lesbia loved, calls to mind the grimness and finality of death for all beings, even small birds:

Miser passer

	passer *sparrow*
Ō Venerēs et Cupīdinēs	
Et hominēs quī pulchra amant,	**Venerēs** *Venuses*
	Cupīdinēs *Cupids*
Passer meae puellae mortuus est!	
Passer meae puellae cārae —	**cārae** *dear*
Avem plūs oculīs suīs amābat.	**plūs** *more than* **oculīs** *eyes*

Dulcis erat. Puellam meam nōvit
Quam puella mātrem suam nōscit.
Ē gremiō suō nōn excessit.
Volābat hīc et ibi circum puellam.
Sōlae dominae cantābat.
Nunc per viam obscūram ambulat —
Unde nūllus homō ad terram revēnit.
Ō, male Tartare.
Tū omnia pulchra dēvorās.
Tū passerem pulchrum meum capis.
Ō factum male! Miser passer!
Tartarus oculōs meae puellae
Fēcit rubrēs.

dulcis *sweet*   **nōvit** *knew*
quam *as*   **nōscit** *knows*
gremiō *lap*
circum *around*
sōlae *only, alone*
obscūram *dark*
unde *from whence*
Tartare *Hell*
dēvorās *you devour*

factum *deed*

rubrēs *red*

EXERCISES

A. Find the Latin objects of the following words in the reading passage and write them with their English meanings in the spaces provided:

1. has made _____
2. knew _____
3. knows _____
4. love _____
5. through _____
6. to _____
7. around _____
8. loved _____
9. you are taking _____
10. devour _____

B. Complete each sentence with the appropriate expression chosen from the following list:

Avem amābat   Tartarus fēcit
Nōn excessit   Volābat
Passer meae puellae

1. _____ oculōs meae puellae rubrēs.
2. _____ mortuus est!
3. _____ hīc et ibi circum puellam.
4. _____ē gremiō suō.
5. _____ plūs oculīs suīs.

C. Underline the adjectives in the following group of words:

Tartarus	Venerēs	unde
nūllus	quī	suō
ambulat	dulcis	rubrēs
nunc	nōvit	terram
sōlae	revēnit	cantābat
hīc	male	tū
gremiō	miser	avem
cārae	ō	Cupīdinēs
passer	circum	

D. Write the singular form of the following words from the poem:

1. cantābant _____
2. puellās _____
3. fēcērunt _____
4. nōscunt _____
5. obscūrās _____

6. Tartarī _____
7. dōminīs _____
8. meārum _____
9. dulcēs _____
10. dēvorātis _____

E. Mark the following statements either **F** for fact or **O** for opinion:

1. _____ Before its death, the sparrow was the pet of both the poet and his beloved.

2. _____ The poet blames the underworld for his beloved's red eyes.

3. _____ According to the poet, no one ever returns from the underworld.

4. _____ The bird fluttered here and there among the flowers and chirped only to its mistress.

5. _____ The poet addresses Venuses, Cupids, and people who love beautiful things.

6. _____ As pictured by the poet, the bird is still traveling the shadowy way.

7. _____ The poet himself weeps for his beloved's dead sparrow.

8. _____ The Latin word for the underworld is Tartarus.

9. _____ The girl loved the bird as much as she valued her mother's eyes.

10. _____ The poet is gazing at the sparrow's small corpse as he writes the poem.

F. Match the verbs in the left column with their adverb modifiers in the right column. Write the matching letter in the space provided:

1. volābat _____
2. ambulat _____
3. excessit _____
4. amābat _____

a. nunc
b. dulcis
c. male
d. plūs
e. nōn
f. hīc et ibi
g. quam

G. Paraphrase the poem into English. Then rewrite it as an English poem. Read your version aloud to the class.

H. Read other poems by Catullus. Compare them with the love poems of John Keats, Sappho, William Wordsworth, Lord Byron, Ovid, Emily Dickinson, or François Villon.

I. Compose a similar poem from the sparrow's point of view. Note the affection the bird feels for its mistress. Describe its sorrow when it realizes that it must die and leave her.

J. Select a line from the poem to illustrate, such as the bird seated on its mistress's lap or fluttering around her. Place the woman in a typical Roman setting, such as a formal garden or atrium.

K. On your own: Read the following poem that Catullus dedicated to his brother, who lay buried in Troy. Note that the brother died before Catullus could travel to his bedside:

Avē atque valē   avē *hello*   valē *goodbye*

Per multās terrās et per multās aquās
   Veniō, frāter, ad tumulum miserum tuum.   tumulum *tomb*
Ego tibi dōnum mortis dōnō.
   Et cineribus tuīs mutīs dīcō.   cineribus *ashes*   mutīs *silent*
Fortūna mala tē cēpit ā mē.
   Heu, miser frāter, valē.   heu *alas*
Nunc, quam parentēs nostrī docuērunt,   quam *as*
   Hoc dōnum trīstem tibi pōnō.   trīstem *sad*
Accipe, frāter, lacrimās meās.   lacrimās *tears*
   In perpetuum, frāter, avē atque valē.   in perpetuum *forever*

V

VIRGIL

Georgica

Aeneis

BACKGROUND: *Publius Vergilius Maro (70–19 B.C.), or Virgil, as he is more commonly called, was born in a mountain village north of Rome. Even though he became Rome's epic poet during the height of Augustus's reign, Virgil never lost his love for the countryside and for simple pleasures. His three major poems, the Eclogues, the Georgics, and the Aeneid, contain frequent references to pleasant groves of trees, hardworking farmers, harvest time, and informal peasant festivities.*

This bucolic or rural verse, taken from Book IV of the Georgics, is both a praise poem for bees and their mannerisms as well as advice for establishing and managing a hive:

Mel: Caelī Dōnum	mel *honey*
Mel, dōnum	
ē caelīs —	
Spectāculum mīrum	spectāculum *sight*
orbis parvī	mīrum *wonderful*
	orbis *world*
Atque ducēs magnanimōs et	magnanimōs *greathearted*
mōrēs et	mōrēs *customs*

24

Studia et populōs et
    proelia dēscrībō.
Labor est parvus, sed glōria
    nōn parva est.

studia *tastes*

Dēligō casam tranquillam
    prō apibus meīs
Sine ventīs aut ovibus
    aut caprīs
Quī flōrēs vastant aut
    rōrem āmovent.
Expellō lacertum et avēs
    quī apēs edunt.

dēligō *I choose*
apibus *bees*
ventīs *winds*   **ovibus** *sheep*
caprīs *goats*
vastant *destroy*
rōrem *dew*
  āmovent *brush away*
lacertum *lizard*
edunt *eat*

Apēs ad aquās pūrās
    locō.
Inveniō palmam aut
    oleastrem umbrōsum.
Quandō in vēre rēgīna nova
    congregātiōnem ēdūcit,
Et iuvenēs ex alvō
    errant,
Ad silvās volant
    ad flōrēs
Et ex aquīs
    leviter bibunt.

palmam *palm tree*
oleastrem *olive tree*
  umbrōsum *shady*
vēre *in the spring*
congregātiōnem *swarm*
iuvenēs *young*   **alvō** *hive*

bibunt *drink*

Hīc vidēs congregātiōnem
    volantem
Ad caelum per āerem
    clārum aestīvum.
Petunt aquās dulcēs et
    rāmōs occultōs.
Tum sedent mōre suō
    in cellīs.

volantem *flying*
āerem *air*
aestīvum *summery*
dulcēs *sweet*
rāmōs *branches*
  occultōs *hidden*
mōre suō *as is their custom*
cellīs *cells*

EXERCISES

A. Underline the word that best completes each of the following sentences according to the poem:

   1. Bees like to fly in swarms through the (spring, summer, fall, winter) air.
   2. In the spring, young bees stray from the (palm trees, branches, flowers, hive).
   3. A good location for a hive is (under a shady olive tree, near sheep, in the wind, far away from the forest).

4. The (young bees, queen, calm spring air, peaceful waters) lead(s) the swarm from the hive.
5. (A hive in flight, A shady branch, Honey, Warlike glory) is a heavenly gift.
6. Bees have their own (goats and sheep, customs, hidden caves, ways of avoiding lizards).
7. The small (queen, leader, sweets, world) of the beehive is a strange sight.
8. Goats compete with bees for flowers and brush away the (palm trees, dew, lizards, birds).
9. The farmer should place a beehive near (airy, vast, light, pure) water.
10. The poet describes the leaders of a swarm as (greathearted, moral, sweet, hidden).

B. Underline the word or words in each line that do not fit the description. Then write out the English meanings of all words:

1. accusative case: rāmōs, parvīs, spectāculum, flōrēs, caelum, congregātiōnem, mīrum, mel

   _____

   _____

2. adverb: tum, sine, suō, nōn, vēre, leviter, nec, aut

   _____

   _____

3. ablative case: ventīs, occultōs, mōre, cellīs, orbis, alvō, aquīs, apibus, labor

   _____

   _____

4. verb: dulcēs, sedent, errant, volābant, dēscrībō, magnanimōs, palmam, vastant

   _____

   _____

5. plural: petunt, congregātiōnem, iuvenēs, silvās, studia, dōnum, avēs, edunt, cellīs

   _____

   _____

6. singular: mōre, āerem, caelum, inveniō, oleastrem, mīrum, populōs, glōria

   _____

   _____

7. nominative case: mel, aestīvum, labor, parvus, glōria, rēgīna, iuvenēs, leviter

   _____

   _____

8. preposition: in, aut, ex, ad, ē, atque, per, mōre

   _____

   _____

C. Locate a word in the poem that is related to the italicized word in each sentence:

1. Avery is a Pisces, but his brother is a *Capricorn*. _____

2. Knights *errant* wandered around the world in times of yore. _____

3. Is the flower of the clover *edible*?

   _____

4. Mrs. Perry took a *sedentary* job at the bank. _____

5. *Tranquillity* is the high point of my vacation. _____

6. Few people study *occult* sciences any more. _____

7. This committee requires intense *collaboration*. _____

8. An *apiary* is a home for bees. _____

9. *Aggregate* rock is not so valuable as crystal. _____

10. Gary, *levity* has no place at an assembly! _____

11. The article explained the nature of the *vernal* equinox. _____

12. The fall hurricane season often *devastates* beaches. _____

13. Phyllis made a few *florid* touch-ups to the poster. _____

14. *Aeration* and filtration are effective methods of water purification. _____

15. Josh is loved for his *magnanimity*. _____

D. Place the correct modifier beside each word:

1. āērem (summer) _____

2. aquās (pure) _____

3. aquās (sweet) _____

4. congregātiōnem (flying) _____

5. ducēs (greathearted) _____

6. spectāculum (wonderful) _____

7. āērem (clear) _____

8. mōre (their own) _____

9. rāmōs (hidden) _____

10. rēgīna (new) _____

E. The infinitives in the left column correspond to verbs from the poem. Match the infinitives with their meanings. Write the matching letter in the space provided:

1. dēscrībere _____
2. dēligere _____
3. ēdūcere _____
4. vastāre _____
5. esse _____
6. errāre _____
7. bibere _____
8. volāre _____
9. petere _____
10. sedēre _____

a. to lead out
b. to wonder
c. to describe
d. to drink
e. to choose
f. to be
g. to destroy
h. to swim
i. to seek
j. to wander
k. to wish
l. to fly
m. to brush away
n. to sit
o. to say

F. Match the corresponding parts of the following sentences. Write the matching letter in the space provided:

1. _____ congregātiōnem volantem ad caelum.
2. _____ ad aquās pūrās.
3. _____ spectāculum mīrum orbis parvī.
4. _____ ex alvō.
5. _____ mōre suō in cellīs.
6. _____ ex aquīs leviter.
7. _____ rēgīna nova ēdūcit.
8. _____ dulcēs petunt.

a. Iuvenēs errant
b. Apēs locō
c. Sedent
d. Hīc vidēs
e. Dēscrībō
f. Congregātiōnem
g. Aquās
h. Bibunt

G. Locate the following phrases in the poem:

1. who destroy the flowers _____
2. I place the bees _____
3. leaders and nations and battles _____
4. gift from the heavens _____
5. seek hidden branches _____
6. of a small world _____
7. which eat bees _____
8. then as is their custom _____
9. I find a palm tree _____
10. settle in cells _____

H. Work with a partner and compose another verse to this poem, describing how bees fill their wax cells with honey. Consult an encyclopedia if you need more information.

I. Read more of Book IV of Virgil's *Georgics* and summarize other bits of information about the habits of bees.

J. Using the etymology section of a dictionary, study the history and meaning of each of the words below. Then construct illustrative sentences for each that include clues to their meanings:

Example: A *clairvoyant* is someone who perceives the future better than most people. Sentence: A *clairvoyant* sometimes has a *clear* view of future events.

1. aqueous
2. devastation
3. aviary
4. magnanimous
5. ovine
6. celestial

7. dulcet
8. mellifluous
9. elaboration
10. depopulate
11. oleaginous
12. capriccio

K. On your own: Read the following lines from Book I of Virgil's *Aeneid*, in which he describes the Roman epic hero Aeneas during a storm at sea off the northern coast of Africa:

Aenēas in tempestāte   **tempestāte** *storm*

Aeolus, rēx ventōrum, vocāvit.
   Montem hastā pulsāvit.   **hastā** *spear*   **pulsāvit** *struck*
Ventī trans terrās volāvērunt et
   in mare.
Eurus et Notus et Āfricus ad terram   **Eurus** *east wind*
   undās volvērunt.   **Notus** *south wind*
                                                             Āfricus *southwest wind*
Virī clāmāvērunt; nox ātra   **volvērunt** *rolled*
   dēscendit.   **ātra** *black*
Rēmī frēgērunt; prōra āvertit et   **rēmī** *oars*   **frēgērunt** *broke*
   dēmōnstrāvit latus nāvis.   **prōra** *prow*
                                                             āvertit *turned around*
Mōns aquae ērūpit. Nāvis in aquīs   **latus** *side*
   stetit.   **ērūpit** *burst forth*
                                                           stetit *stood still*
Sub undīs arēnam nautae   **arēnam** *sand*
   vīdērunt.
Nāvis ter in locō rotāvit   **ter** *three times*
   in vortice.   **rotāvit** *rotated*
                                                           vortice *whirlpool*
Arma, virī, ac pecūnia Trōiāna
   in undīs erant.
Tum Neptūnus vocāvit et verba
   mare plācāvērunt.   **plācāvērunt** *calmed*
Nūbēs ātrēs fūgērunt atque sōl   **nūbēs** *clouds*
   revēnit.

VI
LIVY

Ab urbe conditā

BACKGROUND: *Titus Livius, better known as Livy,
Rome's chief historian, was born in Padua but devoted
himself to a thorough investigation of Rome's past. Many
of his stories lack factual bases and therefore fall into
the category of legends. In spite of this flaw, readers turn
to Livy's prose for the more interesting tales of ancient
Rome.*

*This is an account from Book I of the birth and rise to
power of Rome's twin founders, Romulus and Remus:*

Rōmae prīmus rēx

Virgō vestālis, Rhea Silvia, fīliōs duōs habuit. Pater puerōrum Mars, deus bellī, erat. Rēx Amūlius, avunculus infantum, interficere puerōs dēsīderābat.

In corbulam in flūmine puerōs māter posuit. Lupa infantēs invēnit et cibum eīs dedit. Linguā suā infantēs lavāvit. Faustulus, pāstor rēgis, infantēs cēpit. Coniūnx eius, Laurentia, puerōs ēducāvit.

Posteā, adulēscentēs, Rōmulus Remusque, urbem aedificāvērunt in Albānā. Sed inter se pugnāvērunt. Ambō regere urbem dēsīderāvērunt.

virgō vestālis *vestal virgin*
avunculus *uncle*

corbulam *basket*
lupa *she-wolf*
linguā *tongue*
lavāvit *washed*
pāstor *shepherd*
coniūnx *wife*
ēducāvit *reared*

Ōmina deōrum exspectāvērunt. Rōmulus in Palātīnō monte
mānsit. Remus, in Aventīnō. VI vulturēs super Remum volāvērunt.   **vulturēs** *vultures*
Tum XII avēs super Rōmulum volāvērunt. Mīlitēs Remī Remum
rēgem nōmināvērunt; mīlitēs Rōmulī Rōmulum rēgem nōmināvērunt.

Prīmō verbīs, deinde frātrēs armīs pugnāvērunt. Remum
Rōmulus interfēcit. Ita sōlus Rōmulus potentiam tenuit in urbe
novā. Urbem "Rōmam" nōmine suō appellāvit.

Rēx novus in Palātīnō deōs coluit. Populum convocāvit et   **coluit** *worshiped*
lēgēs novās dedit.

Rōmulus multīs bellīs hostēs superāvit. Ōlim, quandō in
Campum Martium exercitum Rōmānum dūxit, subitō nūbēs eum   **subitō** *suddenly*
cēlāvit. Nec umquam in terrā apud hominēs Rōmulus fuit.   **nūbēs** *cloud*
                                                                 cēlāvit *hid*

Mīlitēs rēgem nullum vīdērunt. Prīmō miserī ac silentēs
erant. Deinde clāmāvērunt, "Rōmulus est deus".

Senātor Prōculus Iūlius prōclāmāvit, "Rōmulus mihi appāruit.   **appāruit** *appeared*
Dīxit, 'Rōma caput omnium terrārum erit' ". Populus fāmam   **caput** *capital*
crēdidit.   **crēdidit** *believed*

EXERCISES

A. Underline the word that does not belong in each group. On the line below, state the reason for your selection:

1. appāruit, quandō, coluit, convocāvit, volāvērunt

_____

2. ōlim, ita, subitō, nūbēs, prīmō

_____

3. caput, ac, fāmam, frātrēs, urbem

_____

4. nec, VI, ambō, sōlus, novās

_____

5. apud, in, inter, eius, super

_____

B. Match each Latin expression in the left column with its English meaning. Write the matching letter in the space provided:

1. coniūnx eius _____
2. rēgem nūllum _____
3. caput erit _____
4. potentiam tenuit _____
5. rēgere urbem _____
6. nōmine suō _____
7. posteā aedificāvērunt _____
8. subitō cēlāvit _____
9. deus bellī _____
10. miserī ac silentēs _____

a. no king
b. to rule the city
c. sad and silent
d. suddenly hid
e. will be the capital
f. the god of war
g. by his own name
h. his wife
i. later built
j. held the power

C. Answer with Latin words from the passage:

1. Where did the youths build a city?

_____

2. What did the new king do after he seized power?

_____

3. What was Rhea Silvia's title?

_____

4. Who claimed that Romulus appeared to him?

_____

5. What was the soldiers' reaction to Romulus's disappearance?

   _____

6. For whom did Faustulus work?

   _____

7. How many birds did Romulus see?

   _____

8. Describe the first stage of the twins' fight.

   _____

9. How did the wolf clean the babies?

   _____

10. Whom did Rhea Silvia name as the boys' father?

    _____

D. Complete the following analogies with words from the passage:

   1. frāter : Rōmulus :: _____ : Amūlius

   2. then : tum :: between : _____

   3. _____ : ōmina :: reared : ēducāvit

   4. VI : _____ :: XII : twelve

   5. dispersed : convocāvit :: old : _____

E. Underline the proper form to complete each sentence. Then write the English equivalent of each sentence:

   1. Remus in (Aventīnum, Aventīnō, Aventīnī) monte mānsit.

      _____

   2. Duō frātrēs (armīs, armō, armōrum) pugnāvērunt.

      _____

   3. Avēs super frātrēs (volāmus, volāverat, volāvērunt).

      _____

   4. Urbī nōmen (Rōmulī, Rōmulum, Rōmulus) dedit.

      _____

   5. (Populō, Populīs, Populī) lēgēs novās dedit.

      _____

F. Underline the modifier that agrees with the noun. Translate each pair into English:

   1. mīlitēs (miserī, omnium, deinde, sōlus, multīs) _____

   2. bellīs (ōlim, silentēs, multīs, suō, novus) _____

   3. rēx (nūllum, XII, duōs, prīmō, novus) _____

   4. frātrēs (subitō, ita, ambōs, nūllum, novās) _____

   5. terrārum (omnium, posteā, bellī, multīs, miserī) _____

G. Referring to the story, write the Latin word to which each of the following words is related:

1. _____ interred
2. _____ puerile
3. _____ nullify
4. _____ concealed
5. _____ pugilist
6. _____ solitude
7. _____ proverbial
8. _____ remain
9. _____ potentate
10. _____ aviary

H. Research and outline the major events associated with the early kings of Rome. Begin with Romulus, the legendary founder of the city.

I. Compose a conversation between the brothers at some great moment in their lives, such as the founding of the city or their quarrel over an appropriate name for it. Select two people to read your scenario aloud.

J. Organize a game of charades in which you act out the part of one of the characters in the story or one of the other kings of Rome.

K. On your own: Read the following lines from Book VII about the battle between Marcus Valerius and a giant Gaul:

In locīs quiētē exercitus Rōmānus stābat. Contrā mīlitēs ūnus Gallus prōcessit corpore atque armīs magnus. Scūtum hastā inimīcus percussit. Rōmānī mīlitēs silentēs remanēbant.

Per interpretem, ad pugnam gigās prōvocāvit ūnum ex Rōmānīs. M. Valerius tribūnus sponte prōcessit.

Corvus subitō in galeā Rōmānī cōnsēdit. Tribūnus laetus prīmō exsultāvit. Avis ōmen ē deīs in caelō erat.

Ōrāvit ad deōs. Auxilium dīvīnum petīvit. Avis ad Gallum volāvit. Ōs oculōsque hostis rōstrō avis appetīvit. Deinde turbātum mīlitem Valerius superāvit. Corvus volāvit ad orientem sōlis.

Exercitus Rōmānus erat laetus. Deī in proeliō auxilium dedērunt. Camillus cōnsul dīxit: "Deī hominēsque pugnam adiuvābant. Valerius victōriam obtinuit. Hostēs reliquī post pugnam fūgērunt."

Cōnsul tribūnum fortem laudāvit. Valeriō decem pecora et corōnam auream dedit.

contrā *opposite*
scūtum *shield*
hastā *spear*
  percussit *struck*
interpretem *interpreter*
  gigās *giant*
sponte *willingly*
corvus *raven*   **galeā** *helmet*
  cōnsēdit *settled*
exsultāvit *rejoiced*
ōrāvit *prayed*
  dīvīnum *divine*
ōs *mouth*   **rōstrō** *beak*
  appetīvit *attacked*
turbātum *confused*
  orientem sōlis *east*

adiuvābant *aided*
  obtinuit *obtained*

pecora *head of cattle*

corōnam *crown*
  auream *golden*

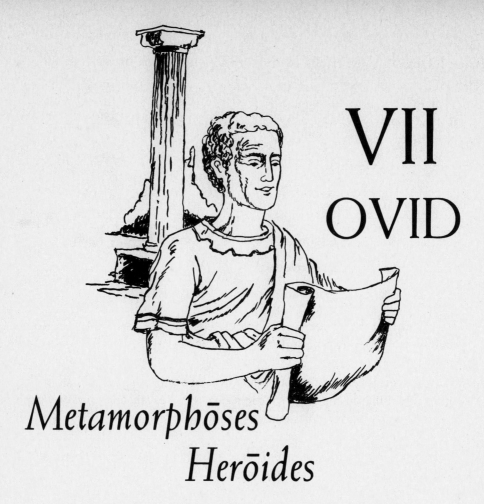

VII
OVID

Metamorphōses
Herōides

BACKGROUND: *Rome's all-round favorite poet, Publius
Ovidius Naso (43 B.C.–ca. 17 A.D.) endeared himself
to the reading public with his bestseller, the Metamorphoses, which retell the familiar myths of Greece.
Although Ovid died in exile on the coast of the Black
Sea after offending the emperor Augustus, he is remembered
as a winsome, life-loving writer during the early years
of the empire.*

*This poem from Book VIII of the Metamorphoses
narrates the familiar tale of Daedalus and Icarus, the
first human beings who could fly.*

Daedalus et Icarus

Miser ab patriā suā, Daedalus inventor in Crētā
Habitāvit. Mare undique erat. Clāmāvit,   undique *on all sides*
"Mihi caelum apertum est! Domum prōcēdō."   apertum *open*
In ālīs pennās posuit fīlō et cērā.   domum *home*
Ālīs fortibus Daedalus volāre   ālīs *wings* pennās *feathers*
Potuit. Tum Icarum fīlium docuit.   fīlō *twine* cērā *wax*
                                                  volāre *fly*

"Icare, in mediō āere remanē. Nec altissimō,
Nec humillimō. Et mēcum volā." Ālās duās posuit
In umerīs puerī. Fīlium suum pater osculāvit.
Prīmō, Daedalus in āerem volāvit. Deinde Icarus.
Signum dedit, "Temptā, Icare. Mēcum volā."
In caelum caeruleum puerum dūxit.

Piscātōrēs spectāvērunt. Pāstor eōs vidit;
Agricola quoque. Spectāculum mīrum erat!
Omnēs putāvērunt, "Suntne deī?" Trāns Samum,
Dēlum, Parum sinistrā parte. Ad Lebinthum dextrā.
Puer volāre amāvit et verba patris nōn
   Memoriā omnīnō tenuit.

In caelum vāstum, altius, altius volāvit,
Propius sōlem. Cēra in calōre terribilī dissolvit.
Āerem pulsāvit, sed nihil tenuit. "Pater", vocāvit
Icarus. "Pater." In mare obscūrum puer cecidit.
"Icare, ubi es?" Daedalus vocāvit identidem. Ālās
Vacuās in aquā vīdit. Et terra prō Icarō nōmināta est.

āere *air*
  Nec altissimō *not too high*
Nec humillimō *not too low*
umerīs *shoulders*
  osculāvit *kissed*

temptā *try*

caeruleum *blue*

piscātōrēs *fishermen*
  pāstor *shepherd*
quoque *also*
  spectāculum *sight*
  mīrum *wonderful*

nōn omnīnō *not at all*

vāstum *broad* altius *higher*

propius *nearer* calōre *heat*
  dissolvit *melted*
pulsāvit *beat*
obscūrum *dark*
  cecidit *fell*
identidem *again and again*
vacuās *empty*
  nōmināta est *was named*

EXERCISES

A. Restate each question in English. Then answer each question with Latin words from the story:

1. Ubi Icarus mortuus est? _____

_____

2. Ē quibus ālae factae sunt? _____

_____

3. Cūr Daedalus miser erat? _____

_____

4. Quid omnēs putāvērunt quandō hominēs cum ālīs vīdērunt? _____

_____

5. Quī color caelum est? _____

_____

6. In quā insulā Daedalus Icarusque erant? _____

_____

7. Quōmodo volāre Icarum debet? _____

_____

8. Quae verba Icarus vocāvit? _____

_____

9. Quae verba identidem Daedalus vocāvit? _____

_____

10. Quid prō Icarō nominātum est? _____

_____

B. Give the singular forms of the following words as they appear in the poem:

1. dextrīs _____   6. vocāvērunt _____

2. mīra _____   7. calōribus _____

3. maria _____   8. āeribus _____

4. patrum _____   9. vāsta _____

5. prōcēdimus _____   10. memoriīs _____

C. Match the Latin words in the left column with the English meanings of their root words. Write the matching letter in the space provided:

Example: The root word of **advenio** means *come*.

1. identidem _____
2. humillimō _____
3. spectāculum _____
4. dissolvit _____
5. altius _____
6. prōcēdō _____
7. remanē _____
8. piscātōrēs _____
9. omnīnō _____
10. patriā _____

a. low
b. stay
c. give
d. made
e. saved
f. high
g. learned
h. look
i. left
j. loosen
k. yield
l. father
m. fish
n. same
o. all

D. Underline the correct English meaning of each word:

1. altissimō
   (a) highly   (b) higher   (c) very high   (d) rather high
2. altius
   (a) highly   (b) higher   (c) too high   (d) very high
3. humillimō
   (a) lowly   (b) lower   (c) too low   (d) very low
4. propius
   (a) nearly   (b) nearer   (c) too near   (d) very near
5. miser
   (a) sad   (b) sadder   (c) rather sad   (d) saddest
6. omnīnō
   (a) all   (b) every   (c) each   (d) at all
7. vāstus
   (a) open   (b) enormous   (c) widely   (d) blue
8. nōmināta est
   (a) was named   (b) had named   (c) names   (d) has been naming
9. identidem
   (a) repeatedly   (b) the same   (c) exactly   (d) likewise
10. prōcēdō
    (a) I went   (b) I was going   (c) I am going   (d) we are going

E. Underline the correct word to complete each sentence. Then translate each sentence into English:

1. Icare, in mediō āere (sequere, remanē, sunt, tenuit).

2. In mare (obscūrum, terribilī, humillimō, vacuās) puer cecidit.

_____

3. (Deinde, Omnīnō, Prīmō, Propius) puer verba patris nōn memoriā tenuit.

_____

4. Undique (cērā, fīlō, mare, sōle) erat.

_____

5. Omnēs putāvērunt, "Suntne (deī, alās, vacuās, āerem)?"

_____

F. Match the Latin words in the left column with a description of their grammatical use in the passage. Write the matching letter in the space provided:

1. sed   _____

2. patris   _____

3. trāns   _____

4. -ne   _____

5. quoque   _____

6. mē   _____

7. terra   _____

8. volāre   _____

9. terribilī _____

10. temptā   _____

a. preposition
b. conjunction
c. noun in the possessive case
d. pronoun
e. noun in the nominative case
f. adjective
g. command
h. ending denoting a question
i. adverb
j. infinitive

G. Mark each statement either **T** for true or **F** for false:

1. _____ Icarus begins flying before his father leaves the ground.

2. _____ The pair fly over several islands.

3. _____ Icarus forgets his father's words.

4. _____ The land is named for Daedalus.

5. _____ Icarus calls out, "Father, where are you?"

6. _____ Daedalus rejoices that the sky is open.

7. _____ When Icarus flies too high, the wax melts on his wings.

8. _____ Fishermen, a shepherd, and a farmer see the fliers.

9. _____ Daedalus sees his son's body in the water below.

10. _____ Daedalus's homeland was Crete.

H. Research the background of the myth. Summarize the reasons that Daedalus was imprisoned on Crete.

I. Read aloud, in English, Ovid's account of Pygmalion's love for his statue Galatea.

J. Make a list of twenty geographical locations named for people, such as Pike's Peak and Mount McKinley.

K. On your own: Read the following lines from Helen's reply to Paris from Book XVII of Ovid's *Heroides* or *Demigoddesses*:

Epistula tua oculōs meōs violat. Advena, casam meam violās. Amīcusne aut hostis hīc es?

Mihi nārrās dē familiā tuā ac nōmine rēgiō. Epistula tua dōna magna prōmittit. Sed ego nōmen bonum meum tenēre dēsīderō. In mēnsā sub "Helenā" scrībis "Amō". Nōn tē crēdō.

Ita, faciēs tua pulchra est. Puellae multae tē amant. Sed nōn tē amō. Multī iuvenēs mē vident. Esne, Paris, vir sōlus cum oculīs? Clārē modestiam nōn habēs.

Mille hominēs mē petunt. Menelāus coniūnx meus est — eum optō. Honōrem nūllum verba tua habent. Mihi dolōrem dant. Mihi malam fāmam portās.

epistula *letter*
violat *outrages*
advena *stranger*
rēgiō *royal*
prōmittit *promises*
mēnsā *table*
faciēs *face*
iuvenēs *young men*
modestiam *restraint*
coniūnx *husband*
optō *I choose*
dolōrem *grief*
fāmam *reputation*

Dīcis, "Venus tē mihi prōmisit". Nōn crēdō verba tua. **prōmisit** *promised*
Historia tua falsa est. Mē adūlāris. Tibi ego sum praemium — **adūlāris** *you flatter*
ego sum tibi nōbile rēgnum!

Sed nōn ferrum sum. Contrā amōrem tuum repugnāre **ferrum** *made of iron*
dēbeō. Nōlō tē, Paris. Coniugem meum honōrō.   **repugnāre** *fight against*
nōlō *I don't want*
Iam Menelāus in Crētā abest. Eī dīxī: "Mox revenī." **abest** *is away*
Ōscula mihi dedit et respondit: "Casam et hospitem Trōiānum   **revenī** *come back*
cūrā."   **ōscula** *kisses*
hospitem *guest*
Dēsīderāsne mē portāre ad Trōiam? Cūr? Rogās, "Pos-   **cūrā** *take care of*
sumusne sēcrētē dīcere?" Sciō causam tuam. Mātūrās ad **sēcrētē** *in secret*
Trōiam mē portāre.   **sciō** *I know*

VIII
JOSEPHUS

Bellum Judaicum

BACKGROUND: *Truly a man without a country,*
Flavius Josephus (37–ca. 100 A.D.) saw the Roman
world from two perspectives. In his youth, Josephus was
trained as a Hebrew scholar. After Vespasian's troops
stormed Galilee in 67 A.D., Josephus allied himself with
the Roman empire. For the remainder of his life, he
devoted himself to writing the history of the Jews.

This passage describes Vespasian's attempts to bolster
the spirits of his troops after a difficult battle near
Jotapata and to prepare them for the assault on Jerusalem.
Unlike the other emperors of Rome, Vespasian, who rose
to power in 69 A.D., advanced from the rank of soldier
and thereby earned the respect of ordinary people.

Mīlitēs Rōmānī miserī defessīque erant. Vespasiānus verba
fēcit. Mīlitēs cōnsōlātus est.

Dīxit, "Aequē fortūnam malam vestram tolerāte. Ad omnēs
mīlitēs fortūna mala venit. Victōriam facilem sine sanguine nūllum
bellum dat. Fortūna saepe mūtat".

Imperātor continuāvit: "Hostēs multōs interfēcistī, sed paucī
Rōmāni mortuī sunt. Virī fortēs nōn queruntur. Facile mīles

defessī *tired*
verba fēcit *made a speech*
cōnsōlātus *consoled*
aequē *calmly*
tolerāte *bear*
sanguine *blood*

imperātor *commander in chief*
mortuī sunt *have died*
queruntur *complain*

43

optimus fortūnam bonam accipit. Ubi fortūna mala venit, mīles firmus remanet."

"Pugnāvimus in terrā difficilī. Superāvimus perītiā disciplīnāque — virtūtibus Rōmānīs. Monstrāte īram, sed abiectiōnem vītāte.

Dexter tua consōlātiō tua est. Mortuōs vindicāte! Hostēs pūnīte! Nōn cēdite."

Verbīs eīs, exercituī auxilium dedit. Fortissimī hostēs aciem dēfendērunt; reliquī in mūrīs remānsērunt.

Rōmānī proelium novum fēcērunt. Aliī hostēs ab oppidō per canālēs subterrāneōs cucurrērunt. Reliquōs exercitus Rōmānus terruit. Hostēs fame in oppidō mortuī sunt.

Vespasiānus cum legiōnibus duābus Caesarēam prōcessit. Urbs magna virōs excitāvit. Ibi virtūtem pro pugnīs novīs virī invēnērunt.

Ad Hierosolymam imperātor labōrem dūram prōvīdit. Urbs sāncta et caput nātiōnis erat. Similēs athlētis Vespasiānus mīlitēs ad proelium dūxit.

perītiā *experience*
  disciplīna *training*
virtūtibus *strengths*
  īram *anger*
  abiectiōnem *despair*
vītāte *avoid*
dexter *right hand (your fighting hand)*
  consōlātiō *comfort*
  vindicāte *avenge*
pūnīte *punish*
aciem *battle line*
canālēs subterrāneōs *tunnels*
fame mortuī *starved*

excitāvit *aroused*
  virtūtem *strength*

Ad Hierosolymam *near Jerusalem*
  labōrem *struggle*
  prōvīdit *foresaw*
caput nātiōnis *capital*
  athlētis *athletes*

EXERCISES

A. Underline all plural words in the following sentences. Then express each sentence in English:

1. Nōn cēdite.

_____

2. Aliī hostēs ab oppidō per canālēs subterrāneōs cucurrērunt.

_____

3. Urbs magna virōs excitāvit.

_____

4. Vespasiānus verba fēcit.

_____

5. Similēs athlētīs Vespasiānus mīlitēs ad proelium dūxit.

_____

B. Circle the letter of the response that answers each question:

1. How did the Roman army manage to beat the enemy?
   a. They withheld food and starved them.
   b. They were lucky.
   c. They excelled in experience and training.
   d. In Jerusalem they were trained like athletes.

2. What were Vespasian's words meant to accomplish?
   a. He wanted to explain the hard struggle that lay ahead.
   b. He wanted to encourage the army.
   c. He believed the city they faced was holy.
   d. He wanted the strongest men to defend the battle line.

3. What behavior did Vespasian think was inappropriate for soldiers?
   a. He discouraged punishment of the enemy.
   b. He disliked vindication of dead soldiers.
   c. He ridiculed starving the enemy.
   d. He thought complaining was unmanly.

4. Why did Vespasian choose this opportunity to make a speech?
   a. His men were depressed.
   b. The enemy had fled to Jerusalem.
   c. He had to console the wounded.
   d. Bad luck caused the defeat of Rome.

5. According to Vespasian, what was a soldier's proper response to good fortune?
   a. He should turn away from it.
   b. He should receive it easily.
   c. He should display anger.
   d. He should remain bold.

C. Match each word in the left column with the meaning of the root word. Write the matching letter in the space provided:

1. sanguinary _____
2. militia _____
3. hostilities _____
4. commiserate _____
5. concurrent _____
6. inventive _____
7. immure _____
8. nullify _____
9. magnate _____
10. commuter _____

a. soldier
b. sad
c. great
d. wall
e. bloody
f. change
g. come
h. run
i. no
j. enemy

D. Referring to the passage, express the following in Latin:

1. near Jerusalem _____
2. avoid despair _____
3. nation's capital _____
4. often changes _____
5. without bloodshed _____
6. bear calmly _____
7. with skill and training _____
8. sad and weary _____
9. led the soldiers _____
10. scared the rest _____

E. Underline the English antonym of each Latin word:

1. pūnīte (a) straighten (b) reward (c) make (d) avenge
2. monstrāte (a) hide (b) run (c) starve (d) foresee
3. remanet (a) defend (b) discourage (c) remain (d) depart
4. invēnērunt (a) closed (b) feared (c) lost (d) turned from
5. virtūtem (a) experience (b) consolation (c) weakness (d) training

6. fame   (a) fullness   (b) shame   (c) rumor   (d) battle line
7. similēs   (a) harsh   (b) unlike   (c) best   (d) broken
8. perītiā   (a) fear   (b) anger   (c) luck   (d) unfamiliarity
9. sine   (a) over   (b) with   (c) toward   (d) in spite of
10. dexter   (a) left   (b) few   (c) underground   (d) similar

F. Match the Latin words in the left column with their Latin modifiers from the passage. Write the matching letter in the space provided:

1. mīles ____		a. mala	
2. consōlātiō ____		b. tua	
3. bellum ____		c. dūram	
4. pugnīs ____		d. paucī	
5. fortūna ____		e. firmus	
6. labōrem ____		f. fortissimī	
7. Rōmāni ____		g. sancta	
8. hostēs ____		h. nullum	
9. urbs ____		i. difficilī	
10. terrā ____		j. novīs	

G. Write a Latin term from the passage that is related to each of these words:

1. duality _____   6. concurrent _____

2. optimal _____   7. inconsolably _____

3. monstrous _____   8. verbose _____

4. affirmative _____   9. relic _____

5. endurance _____   10. famished _____

H. Consult at least three sources for information about Vespasian. Compose a time line of the events that shaped his career and led to his selection as emperor of Rome. Put special emphasis on his assault on Jerusalem.

I. Read aloud Vespasian's speech to his soldiers. Stress the words that will give them courage and hope.

J. Contrast Vespasian's methods of leadership with those of other military and political leaders of modern history.

K. On your own: Read the following lines from Josephus's description of the area around Jericho:

Multitūdō ab Ierichō ad montēs discessit. Urbs dēserta erat. In campō iacet cum montibus nūdīs magnīsque. Dūrus et vacuus locus est.

Aestāte campus calidissimus est. Rārē pluit. Āriditās magna locum vāstat. Sine aquā manet praeter flūmen Iordānis et duae lacūs — Asphaltītem Tiberiamque, hanc amāram salsamque, illam dulcem. Circum Iordānem palmae magnae et plēnae stant.

In urbe antīquā aquae micant. Ōlim sordidae et mortiferae erant. Frūmenta, plantās, herbāsque interfēcērunt. Similiter infantēs mortuī sunt. Causā aquae omnia mortua sunt.

Elisha, magister vātēsque, urbem vīsitāvit. Populus illum salūtāvit. Bene eum cūrāvit. Elisha grātiam habuit. Patriae Elisha beneficia multa prōmīsit.

Ad aquam prōcessit. In aquam salem iēcit. Dextram ad caelum ēlevāvit. Dōna deō in terrā posuit.

Deus aquam mūtāvit. Posteā frūmenta, plantae, herbaeque in terrā erant. Populus cōpiam aquae bonae recēpit. Infantēs fortēs nātī sunt.

Palmae aquā bonā crēscunt. Balsama et cupressēta valent. Hic locus sanctus est quod frūmenta, plantae, herbaeque rārissimae et optimae flōrent. Tempestās lēnis est. Populus Ierichō terram mīram amat.

---

multitūdō *throng*

iacet *lies*   nūdīs *bare*

vacuus *empty*

aestāte *in summer*
  calidissimus *very hot*
  pluit *it rains*
  āriditās *drought*
praeter *except for*
  flūmen Iordānis *Jordan River*
lacūs *lakes*   hanc *the former*
  amāram *bitter*
salsam *briny*
  illam *the latter*
  dulcem *sweet*
  circum *around*
  palmae *palm trees*
plēnae *full*
micant *gush*
  sordidae *dirty*
  mortiferae *deadly*
vātēs *prophet*
salūtāvit *welcomed*
  cūrāvit *cared for*
beneficia *blessings*
  prōmīsit *promised*
salem *salt*
ēlevāvit *raised*
nātī sunt *were born*
crēscunt *grow*
  balsama *balsam trees*
  cupressēta *cypress groves*
  valent *flourish*
flōrent *bloom*
  tempestās *weather*
  lēnis *mild*
mīram *wonderful*

IX
TACITUS

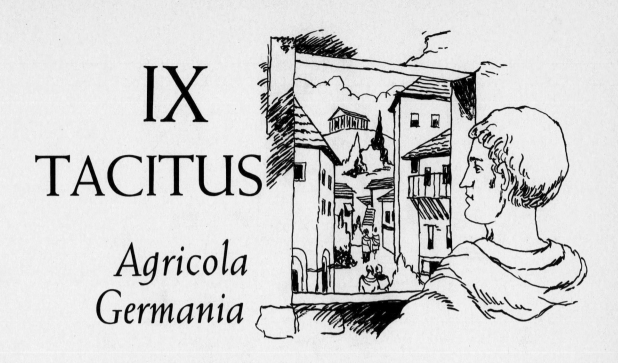

Agricola
Germania

BACKGROUND: *Publius Cornelius Tacitus (ca. 55 A.D.–117 A.D.) worked for the government during the reigns of Vespasian, Titus, and Domitian and wrote illustrious histories of Rome. His Agricola, which narrates the life of Gnaeus Julius Agricola, Tacitus's father-in-law, is Rome's outstanding biography.*

This segment of the biography describes Britain, which Agricola explored.

Britannia est maxima īnsulārum quās Rōmānī nōscunt. Fōrma īnsulae similis scapulae est. Populus, similis Gallīs, comās rutilās membrōsque magnōs habent.

Ōlim Gallī ad īnsulam mōvērunt. Ibi iam caerimōniae persuāsiōnēsque Gallicae sunt. Lingua similis est — et amor perīculī. Britannī tamen ferōciōrēs quam Gallī sunt. Gallia annīs longīs pāce ēmollīta est.

Virtūs Britanniae in peditibus est, sed quaedam nātiōnēs in curribus pugnant. Ōlim rēgēs mīlitēs dūcēbant. Nunc prīncipēs multōs Britannia habet.

In commūne Britannī nōn cōnsulunt nec commūnēs inimīcōs pugnant. Ita singulī pugnant.

nōscunt *know*
scapulae *shoulder blade*
 comās *hair*
 rutilās *reddish*
membrōs *limbs*
caerimōniae *ceremonies*
persuāsiōnēs *beliefs*
ferōciōrēs *fiercer*
 quam *than*
ēmollīta *weakened*
virtūs *strength* peditibus
 infantry quaedam *certain*
 nātiōnēs *tribes*
curribus *chariots*
 prīncipēs *chieftains*
in commūne *as a group*
 cōnsulunt *confer*
singulī *individually*

Imber frequēns ac caelum obscūrum est. Frīgus nōn asperum
est. Noctēs clārae sunt et brevēs in extrēmā parte Britanniae.
Tum sōl per noctem lūcet.

Terra omnia frūmenta animāliaque prōdūcit praeter oleās
ūvāsque. Ea in calidā tempestāte flōrent. Plantae celeriter crēscunt
sed tardē mātūrant.

Mare Britannicum margarītās prōdūcit. Gemmae nōn albae
sunt. In lītore Britannī margarītās colligunt.

Britannī iustitiam amant. Servōs nōn habent. Prīmus Rōmānus
cum exercitū in Britanniā Iūlius Caesar erat. Tum Rōmae bellum
cīvīle ortum est. Exercitus Rōmānus arma contrā cīvitātem
portāvit. Rōmānī Britanniam in memoriā nōn tenuērunt.

Posteā imperātor Claudius Britanniam invāsit. Vespasiānus
dux auxilium eī dedit. Nātiōnēs Britanniae Rōmānī vīcērunt. Rēgēs
cēpērunt.

Boadicēa, fēmina rēgia, nātiōnēs omnēs Britanniae dūxit. Ea
Rōmānōs mīlitēs sōlōs in castellīs petīvit. Mīlitēs facile Boadicēa
cēpit. Tum colōniam Rōmānam invāsit.

imber *rain*   **frequēns**
    frequent   **obscūrum** *cloudy*
    frīgus *cold*
    asperum *harsh*
extrēmā *outermost*
lūcet *shines*
praeter *except*   **oleās** *olives*
ūvās *grapes*   **calidā** *warm*
    tempestāte *climate*
    flōrent *flourish*
    crēscunt *sprout*
margarītās *pearls*
lītore *shore*
    colligunt *gather*

cīvīle *civil*
    ortum est *started*
    cīvitātem *state*
invāsit *invaded*

rēgia *royal*

sōlōs *individual*
    castellīs *watchtowers*

EXERCISES

A. Mark the following sentences either **T** for true or **F** for false. Then translate each into English:

1. _____ Boadicēa rēx Britanniae erat.

2. _____ Iūlius Caesar īnsulam invāsit.

3. _____ In Britanniā, nox nōn est.

4. _____ Fōrma Britanniae similis orbī est.

5. _____ Colōnī prīmī in Britanniā Rōmānī mīlitēs erant.

6. _____ In lītore Britanniae margarītae nōn sunt albae.

7. _____ Boadicēa Rōmam invāsit.

8. _____ Iūstitiam Britannī amant.

9. _____ Oleae ūvaeque in calidā tempestāte flōrent.

10. _____ Britannī ferōciōrēs quam Gallī sunt.

B. Name the part of speech of each of the following groups of words. Then translate each word into English:

1. ōlim, tum, ita, posteā, nōn _____

2. frequēns, Rōmānum, calidā, rēgia, commūnēs _____

3. pugnant, flōrent, crēscunt, invāsit, dūxit _____

4. ūvās, persuāsiōnēs, margarītās, scapulae, curribus _____

_____

5. colligunt, cōnsulunt, cēpit, nōscunt, amant _____

_____

6. nec, ac, -que, et, sed _____

_____

7. facile, tardē, iam, ibi, celeriter _____

_____

C. Underline all nouns:

facile, Boadicēa, tum, commūnēs, posteā, frūmenta, omnia, sed, asperum, ac, virtūs, peditibus, amor, iam, mōvērunt, membrōs, persuāsiōnēs, ōlim, singulī, ita, memoriā, tardē, ea, Iūlius Caesar, bellum, ortum, mare, gemmae, castella, lūcet, extrēmā, mātūrant, contrā, per, tamen, lingua, quās

D. Insert the words from Exercise C that have the following meanings:

1. and _____   6. slowly _____

2. all _____   7. moved _____

3. harsh _____   8. once _____

4. through _____   9. but _____

5. she _____   10. nevertheless _____

E. Select a Latin word or words from the passage to complete each sentence:

1. Once the Britons had kings, but now they have many _____.

2. When the _____ are clear and brief, the _____ remains visible.

3. Some nations fight from _____, but the main strength of England is its _____.

4. England has frequent _____ and a cloudy _____.

5. Countries like _____, softened by long years of _____, lose their fierceness.

6. The first Roman to enter _____ with an _____ was Julius Caesar.

7. _____ pursued individual Roman _____ who were stationed in _____.

8. Britons and Gauls share the same ceremonies and _____.

9. British pearls, which are collected on the _____ , are not

_____ .

10. Olives and _____ flourish only in _____ weather.

F. Complete each analogy with a Latin word from the passage:

1. sōl : _____ :: dry : wet

2. pāce : _____ :: civil : savage

3. frūmenta : ūvās :: _____ : equī

4. _____ : white :: dūxit : led

5. hot : frīgus :: weakness : _____

G. Referring to the passage, give the Latin antonym for each of the following words:

1. _____ forgetfulness   6. _____ together

2. _____ short   7. _____ cloudy

3. _____ unlike   8. _____ nearest

4. _____ gentle   9. _____ before

5. _____ now   10. _____ hardened

H. Read Julius Caesar's description of England and its people. Compose a summary of his findings.

I. Write a comparison of Boadicēa and other female leaders, such as Penthesilea, Joan of Arc, Catherine the Great, Margaret Thatcher, and Golda Meir.

J. Outline a speech in which you summarize Tacitus's ideas about what makes England unique. Add your own thoughts about modern England.

K. On your own: Read the following lines from Tacitus's treatise on Germany:

Germānia patria silvās magnās, palūdēs malās, imbrem frequentem, et ventōs fortēs habet. In terrā frūmenta crēscunt, sed animālia parva sunt. Pecūniam per numerum animālium Germānī computant.
palūdēs *swamps* **imbrem** *rain* **ventōs** *winds*

Deī nec aurum nec argentum Germānīs dedērunt. Nātiōnēs nummōs nostrōs ūtuntur. Argentum maximē amant. Numerum magnum nummōrum argentōrum habent.
nummōs *coins* **ūtuntur** *use*

Ferrum nōn in Germāniā est. Paucī Germānī gladiōs aut arma habent. Hastās gerunt — angustās sed ācrēs.
ferrum *iron* **hastās** *spears* **angustās** *narrow* **ācrēs** *sharp*

Fēminae Germānicae in proeliō auxilium virīs dant. Germānī fēminās esse vātēs putant. Virī cōnsulunt sententiās fēminārum ante proelia.
vātēs *prophets*

Populus nōn in oppidīs habitat. Casae Germānicae nōn tangunt. Sēparātim habitāre prope aquam, campum, vel silvam amant.

Vestēs omnium sunt saga affixa fībulīs aut spīnīs. Tōtōs diēs iuxtā focum atque ignem agunt. Opulentī subūculās gerunt — nōn solūtās, sed strictās circum corpora. Pellēs animālium amant. Fēminae similēs virīs vestēs gerunt. Tamen, līneās longās purpureās addunt.

Mātrimōnia sevēra sunt. Singulīs uxōribus contentī sunt. Dōtem nōn uxor marītō dat, sed uxōrī marītus dat. Dōna mātrimōniī sunt animālia aut arma.

Uxor Germānica saepe putat dē bellō. Ea labōrēs atque perīcula bellī partit. In pāce aut in proeliō, ea dūram vītam agit.

Adulteria paucissima in Germāniā sunt. Poena uxōris malae celer est — comīs nūdāta et expulsa ē casā est. Uxor mala verberāta est ā marītō suō cōram familiā.

tangunt *touch*   sēparātim *apart*   prope *near*

saga *cloaks*   affixa *fastened*
fībulīs *pins*   spīnīs *thorns*
iuxtā *near to*   focum *hearth*   agunt *they spend*
opulentī *rich*
subūculās *underwear*
solūtās *loose*   strictās *tight*
pellēs *hides*
līneās *linen*
purpureās *purple*
addunt *add*
sevēra *strict*   singulīs *only one wife*
uxōribus
dōtem *dowry*
marītō *husband*
partit *shares*

adulteria *adulteries*

comīs nūdāta *stripped of hair*   expulsa *driven out*
verberāta *beaten*
cōram *in front of*

X
PLINY
THE ELDER
Historia naturālis

BACKGROUND: *Pliny the Elder (23–79 A.D.) made his reputation as a lawyer, cavalry expert, orator, scholar, and encyclopedist. A nonstop reader and note-taker, he died on a fateful day in Rome's history. While sailing the harbor at Naples to rescue victims of the eruption of Vesuvius, he apparently died of smoke inhalation or respiratory failure resulting from breathing fumes and cinders in the air.*

This outline is the beginning of an annotated table of contents in Book II of the world's first encyclopedia, which Pliny wrote from voluminous notes he culled from most of the authorities known in his day.

VI.   Dē nātūrā stellārum errantium.

VII.   Dē lūnā et sōle. Dē nocte. Dē dēfectibus.

VIII-X.   Dē magnitūdine stellārum. Quis invēnit eās in observātiōne caelōrum?

XI.   Dē mōtū lūnae.

XII-XVI.   Dē lūce stellārum. Cūr aliquae stellae altae aut prope videntur? Proprietātes stellārum. Quōmodo colōrēs mūtant.

XVII.   Mōtus sōlis. Ratiō inaequālitātis diērum.

XVIII.   Cūr Iuppiter fulmen iacit?

XIX.   Intervālla stellārum.

XX.   Dē mūsicā stellārum.

XXI.   Dē magnitūdine terrae.

XXII-XXIII.   Dē stellīs repentīnīs. Dē comētīs — nātūra et locus et genera eōrum.

XXIV.   Dē nōmina stellārum.

XXV.   Dē signīs caelōrum per historiam.

XXVI.   Dē discursū stellārum.

XXVII.   De stellīs Castoribus vocātīs.

XXVIII.   Dē āere.

XXIX-XXXI.   Dē temporibus annī.

XXXII.   Dē imbre. Dē tonitrū et fulmine.

XXXIII-XXXVIII.   Dē ēchū. Ventōrum genera.

XXXIX-XL.   Typhōnēs, turbinēs, verticēs, alia prōdigiōsa genera tempestātum.

XLI-XLVI.   Dē fulmine. In quibus locīs fulmen nōn cadit et cūr. Genera fulminis.

stellārum errantium *planets*

dēfectibus *eclipses*

magnitūdine *size*

mōtū *motion*

aliquae *some*

prope *near*   **videntur** *seem*
  proprietātes *characteristics*
  quōmodo *how*
colōrēs *colors*
ratiō *theory*
  inaequālitātis *inequality*
fulmen *lightning*
intervālla *distances*

stellīs repentīnīs *shooting stars*   **comētīs** *comets*
genera *types*

discursū *disruption*

Castoribus *Castor*

āere *air*

temporibus annī *seasons*

imbre *rain*   **tonitrū** *thunder*

ēchū *echo*

typhōnēs *typhoons*
  turbinēs *whirlwinds*
  verticēs *hurricanes*
  prōdigiōsa *freakish*
cadit *fall*

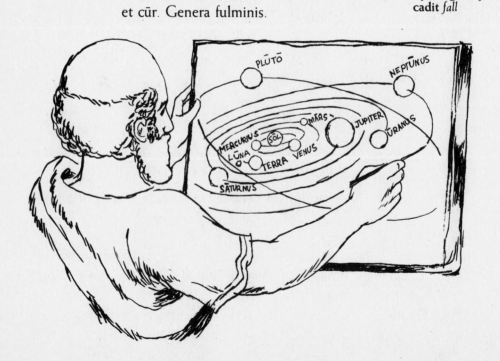

EXERCISES

A. Complete the sentences with the correct word. Express each finished sentence in English:

1. (repentīnīs, nocte, historiā, vocāmus) Plinius in librō eius dē _____ scrīpsit.

   _____

2. (temporibus, prōdigiōsa, genera, stellās) Quis invēnit _____ in observātiōne caelōrum?

   _____

3. (mūsicā, turbinēs, ēchū, colōrēs) Cūr _____ in tempestāte sunt?

   _____

4. (repentīnae, Castoribus, typhōnēs, invēnit) Cūr comētae sunt _____?

   _____

5. (magnitūdine, fōrmā, Iuppiter, prope, discursū) Cūr stellae _____ videntur?

   _____

B. Underline the singular words in each line. Place plural words in parentheses:

1. In quibus locīs fulmen non cadit et cūr.
2. Dē signīs caelōrum per historiam.
3. Quōmodo colōrēs mūtant.
4. Cūr terram appellāmus?
5. Cūr aliquae stellae altae aut prope videntur?

C. Place an X for any statement that specifically refers to the passage:

1. _____ The Romans were well acquainted with the Big and Little Dippers, whirlwinds, and tornadoes.

2. _____ In ancient times, Jupiter was believed to hurl lightning.

3. _____ Astronomers who observed the motion of the planets existed in Pliny's time and earlier.

4. _____ The Romans considered curiosity about the phases of the moon a sacrilege.

5. _____ The "music of the stars" is a historical concept that dated back to the early Greeks.

6. _____ Early scientists believed that the stars could be disrupted and that the moon could be eclipsed.

7. _____ According to Pliny, there is more than one type of lightning.

8. _____ Pliny never doubted that the world was flat.

9. _____ Even in ancient times, the stars had names.

10. _____ Pliny was curious about the seasons.

D. Underline the word or words related to the first word in each line. If necessary, consult a dictionary:

1. terra: terrify, terrarium, terrible, interment, terrain
2. stella: castle, stalagmite, constellation, stellar, install
3. signīs: signatory, resignedly, since, signal, designer
4. colōrēs: discolored, collate, collar, correlate, coloratura
5. quōmodo: model, à la mode, motile, remade, commodious
6. alia: alliance, altimeter, alias, alien, altogether
7. locīs: loch, locale, allocation, padlock, licentious
8. ratiō: rational, pack rat, correct, rotate, current
9. observātiōne: obsidian, reserved, conservatively, deservedly, obvious
10. nocte: nocturne, innocence, noxious, connectedly, annex

E. Underline all words used as adjectives in the passage:

āere	dē	imbre	quibus
aliquae	eās	magnitūdine	quōmodo
altae	fīnīta	nocte	stellārum
annī	genera	nōmina	tempestātum
Castoribus	historiam	nōn	ūna
continēt	iacit	prōdigiōsa	

F. Underline a word in each sentence that is related to a word in the passage. State the Latin word and its meaning:

1. A diaeresis is a mark of punctuation that resembles a colon on its side.

_____

2. I don't think you can make a generalization about this particular concept.

_____

3. The mansion has a solarium near the foyer and a skylight for circulation of cool air. _____

4. Dr. Regis's answers were temporal and thought-provoking, especially on the subject of random fusion. _____

5. Motility of bacteria in this substance allows our laboratory to learn the characteristics of new bacilli. _____

G. Underline the word or words in each line that correspond to the description in parentheses:

    1. (genitive case) vocātīs, stellārum, locus, caelōrum, tonitrū
    2. (present tense) mūtant, cadit, estne, appellāmus, proprietātes
    3. (plural) signīs, āere, lūce, eās, genera
    4. (nominative case) fulmen, ventōrum, nātūra, locus, eius
    5. (even numbers) XX, XLII, XLIX, VIII, LVI

H. Role-play the story of Castor and Pollux. Act out the way in which the twins became a constellation. Use no words in your presentation.

I. Write a short speech on the ancient astronomer's concept of the planets.

J. Add questions about other aspects of the universe to Pliny's outline. Express each question in a Latin phrase beginning with **dē**:

    Example: Dē animālibus magnīs.
                Dē animālibus parvīs.

K. On your own: Read the following lines from Book II of Pliny's encyclopedia:

Terra et caelum deus appellāmus — aeternus, immēnsus, immūtābilis. Numquam factus est. Numquam moriētur. Infīnīta est. Sacra terra est. Intrā complexum omnia habet. Est opus nātūrae, et nātūra ipsa est. Īnsānia est temptāre terram scrūtārī extrā.

Fōrma eius est globōsa. Forma aptissima ad mōtum est. Semper revolvit inēnarrābilī celeritāte. XXIV hōrārum spatium inter sōlis occāsum et ortum sōlis est.

Terra in taciturnitāte movet. Ōrdō vocātur in XII animālium fōrmīs. Ratiō saeculīs, cursus sōlis per caelīs revolvit.

Dē elementīs video quattuor: ignem, āerem, terram, aquam. In mediō septem stellārum sōl stat. Sōl est anima ac mens nātūrae. Sōl lūcem et obscūritātem portat.

Quis est deus — sī aliquis est — atque ubi? Deus tōtus est animae, tōtus animī, tōtus sēnsūs, tōtus vīsūs, tōtus audītūs — tōtus suī.

aeternus *eternal*
immēnsus *huge*
immūtābilis *unchanging*
factus est *was made*
moriētur *will die*
infīnīta *endless*
intrā *within*
complexum *embrace*
opus *work*
īnsānia *madness*
scrūtārī *examine*
extrā *from beyond*
globōsa *spherical*
aptissima *best suited*
inēnarrābilī *indescribable*
occāsum *set* ortūm *rise*
taciturnitāte *silence*
ōrdō *arrangement*
XII animālium fōrmīs *Zodiac*
ratiō saeculīs *theory of time* cursus *direction*
elementīs *elements*
anima *soul*
mens *mind*
obscūritātem *darkness*
aliquis *someone*
animī *mind* sēnsūs *feeling*
vīsūs *sight*
audītūs *hearing*

XI
PLINY THE YOUNGER

Epistulārum

BACKGROUND: *The nephew and foster son of Pliny the Elder, Gaius Plinius Caecilius Secundus or Pliny the Younger (ca. 62–ca. 112 A.D.) spent much of his life in serious study and writing, particularly letters to friends, clients, relatives, and dignitaries. Modeling his style after that of Cicero, Pliny the Younger describes many facets of life during the first years of the Empire. His most famous lines detail the eruption of Vesuvius, which he observed at close range when he was a teenager.*

This letter to Junius Mauricus deals with matchmaking, which Romans conducted for younger members of the family. Here Pliny shows much enthusiasm for Minicius as a prospective husband for Junius's niece.

Rogās mē invenīre marītum frātris tuī fīliae. Laetus dare auxilium sum.

Minīcium dīligō. Pater eius amīcus meus est. Mē in adulescentiā meā docuit.

frātris tuī fīliae *your niece*
laetus *happy*

dīligō *I choose*
adulēscentiā *youth*

Minīcius Aciliānus optimus est. Mē amat. Mihi respectum dēmōnstrat. Ita mē eum formāre et docēre cupit.

Habitat Brixiae in Ītaliā, oppidō parvō. Brixia rūstica atque antīqua est. Ibi vīta tarda est.

Pater eius, Minīcius Mācrinus, dūcit fortiter. Avia māterna est Serrāna Prōcula, ex oppidō Patavīnō. Ea sevēra in disciplīnā est. Avunculus est P.* Acīlius — gravis, prūdens, fīdus. Familia tōta Minīci grāta est.

Vērō Minīcius bene labōrat et lūdit. Modestus est. Quaestūram, tribūnātum, praetūram honestissimē habuit.

Faciēs eius est rubra. Tōtum corpus est pulchrum. Formam senātōriam Minīcius dēmōnstrat. Pater eius habet magnam pecūniam.

Tū fortasse opīnionem meam nōn probās. At ego crēdō Minīciō. Futūram longam mātrimōnium frātris tuī fīliae habet. Dīligō adulescentem.

Valē.

*P = Publius

optimus *best*

eum formāre *to shape him*

Brixiae *at Brescia*

avia māterna *maternal
    grandmother*
Patavīnō *Padua*
    sevēra *strict*
avunculus *uncle*   **gravis**
    serious   **prūdens** *wise*
    fīdus *faithful*
lūdit *plays*
    modestus *restrained*
    quaestūram *quaestorship*
tribūnātum *tribuneship*
    praetūram *praetorship*
    honestissimē *quite
    honorably*
rubra *ruddy*
senātōriam *like a senator*
fortasse *perhaps*
    crēdō *believe in*

EXERCISES

A. Locate words and phrases from the passage that prove the following statements. Translate each answer into English:

> Example: Publius Acīlius has good qualities.
> Proof: Avunculus est P. Acīlius — gravis, prūdens, fīdus.
>   P. Acilius is an uncle — serious, wise, faithful.

1. Minicius's father is not poor. _____
   _____

2. Minicius is not pale. _____
   _____

3. Pliny prefers Minicius. _____
   _____
   _____

4. Pliny has been asked for his opinion. _____
   _____
   _____

5. Minicius is not a beginner in politics. _____
   _____
   _____

6. Brixia has not adopted big-city ways. _____
   _____
   _____

7. Pliny serves as Minicius's mentor. _____
   _____
   _____

8. Minicius is not lazy. _____
   _____
   _____

9. Minicius's grandmother is stern. _____
   _____
   _____

10. Pliny predicts a successful marriage. _____

_____

_____

B. Locate the Latin equivalents from the passage:

1. I am happy _____

2. perhaps not _____

3. leads strongly _____

4. rural and old _____

5. handsome body _____

6. serious, faithful _____

7. shows me _____

8. so he wishes _____

9. but I trust in _____

10. held a tribuneship _____

C. Underline the word in each line that is a different part of speech. Then translate each line into English:

1. adulescentiā, atque, oppidum, pecūniam, avunculus

_____

2. probās, dūcit, sum, amat, optimus

_____

3. eius, prūdēns, rustica, meā, rubra

_____

4. ibi, vērō, bene, tū, fortiter

_____

5. formāre, docēre, modestus, dēmōnstrat, lūdit

_____

D. Underline the term that describes the use of each word in parentheses:

Example: (old) Brixia antīqua est.
   direct object, *predicate adjective*, subject, indirect object.

1. (ruddy) Faciēs eius est rubra.
   subject, predicate adjective, predicate nominative, direct object

2. (opinion) Tū fortasse opīnionem meam nōn probās.
   object of the preposition, verb, direct object, indirect object

3. (daughter) Rogās mē invenire marītum frātris tuī fīliae.
   subject, predicate nominative, subject of the infinitive, indirect object

4. (Italy) Habitat Brixiae, in Ītaliā, oppidō parvō.
object of the preposition, subject, object of the infinitive, indirect object, predicate nominative

5. (respect) Mihi respectum dēmōnstrat.
subject of the infinitive, predicate adjective, direct object, indirect object, subject

E. Match the nouns in the left column with their modifiers from the passage. There may be more than one answer for some items: Write the matching letter(s) in the space provided:

1. futūram	_____	a. rustica
2. Brixia	_____	b. tuī
		c. honestissimē
3. Avunculus	_____	d. longam
4. Minīcius	_____	e. magnam
		f. matērna
5. corpus	_____	g. tōtum
6. adulescentiā	_____	h. tōta
		i. meā
7. pecūniam	_____	j. fīdus
		k. sevēra
8. frātris	_____	l. gravis
9. familia	_____	m. grāta
		n. optimus
10. avia	_____	o. tarda
		p. antīqua
		q. fortasse

F. Number in order the qualifications for husband that Pliny names in his letter to Junius Mauricus. If an answer does not apply, write 0:

1. _____ wealth   5. _____ respect for others

2. _____ ambition   6. _____ modesty

3. _____ war record   7. _____ sternness

4. _____ looks   8. _____ desire to help Mauricus

G. Using inferences drawn from the passage, define the italicized English words as they are used in these sentences:

1. Lee shows an *avuncular* interest in his young niece.

_____

2. The *severity* of this winter damaged the tulip bulbs.

_____

3. Mr. and Mrs. Moss are building a *rustic* cottage on Mt. Herman.

_____

4. These are your son's *formative* years.

_____

5. Two-lane highways are *antiquated* and dangerous.

_____

H. Use the words in Exercise G in English sentences that express thoughts about life in ancient Rome.

    Example: The *severity* of winters in northern Italy brought many Romans to southern shores.

I. Compose a short reply on behalf of the niece in which she expresses her opinions of her intended husband and also asks questions about him.

J. Compose in Latin your own list of qualities for a suitable mate. Refer to an English-Latin dictionary if necessary.

K. On your own: Read the following lines from Book II of Pliny's letters in which he describes his home at Laurentum, south of Rome, on the western coast of Latium:

    Vīlla mea XVII mīlibus passuum ab urbe est. Via harēnōsa est. Carrō est gravis et longa, sed equō brevis et mollis est. In viā sunt silvae, campī, atque gregēs ovium, equōrum, vaccārumque.

    Vīlla magna est. Ātrium est parvum. Porticus in D litterae similitūdine factus est. Trīclīnium pulchrum est quod in lītore est.

mīlibus passuum *miles*
harēnōsa *sandy*
gravis *burdensome*
  mollis *soft underfoot*
gregēs *flocks*   **ovium** *sheep*
vaccārum *cows*
ātrium *great room*
  porticus *entryway*
similitūdine *in the shape of*
  trīclīnium *dining room*
lītore *beach*

Undique valvās aut fenestrās magnās vīlla habet. Ā sinistrō cubiculum est. Deinde aliud cubiculum est ad orientem sōlis. Hoc hībernāculum est. Hīc etiam gymnasium familiae meae est. Reliqua pars servōs continet. Hīc accipere amīcōs possumus.

Ex aliō latere cubiculum hospitum est. Inde camera frīgidāria spatiōsa et lāta iacet. Adiacent unctōrium, hypocaustum, fornax, piscīnaque. Deinde sphaeristērium nōn procul est.

Hinc est turris. Ibi spectō mare, litus, et vīllās propinquās. Est alia turris — apothēca — sub hāc trīclīnium ac hortus sunt. Inter hortum et mūrum currunt vīnea umbrōsa et fīcī multī.

Hinc porticus extendit. Cum serēnī diēs sunt, omnēs fenestrae apertae sunt. Deinde via odōrāta violīs est.

In capite aedificium est quod ego ipse aedificāvī. Habet lectum et sellās duās. Iūnctum est cubiculum somnī. Nōn vōcēs servōrum, nōn maris murmur, nōn tempestātum mōtus, nōn fulmen tangent cubiculum meum. In hōc aedificiō ego sum sōlus.

Silvae proximae ligna dant. Aliās cōpiās Ōstiae invenīmus. Mare piscēs et squillās optimās prōdūcit. Vaccae in campīs lactem bonum prōdūcunt. Esne invidus?

Valē.

undique *all around*
valvās *shutters*
fenestrās *windows*
cubiculum *bedroom*
deinde *then*
orientem sōlis *east*
hībernāculum *winter quarters*
latere *side* **hospitum** *for guests* **camera frīgidāria** *cooling-off room*
unctōrium *massage room*
hypocaustum *sweat room*
fornax *furnace* **piscīna** *pool* **sphaeristērium** *tennis court* **procul** *at a distance*
hinc *further on* **turris** *tower*
apothēca *storage room*
vīnea *vine* **umbrōsa** *shady*
fīcī *figs*
serēnī *peaceful*
apertae *open* **odōrāta** *fragrant* **violīs** *violets*
in capite *at the summit*
lectum *bed* **sellās** *chairs*
iūnctum *joined*
tempestātum mōtus *changes in the weather*
tangent *touch*
ligna *firewood*

piscēs *fish* **squillās** *shrimp*

lactem *milk*
invidus *envious*

XII

SUETONIUS
Dē vītā Caesarum

BACKGROUND: *Gaius Suetonius Tranquillus (ca. 69–ca. 140 A.D.), Emperor Trajan's court researcher, learned the inner workings of the imperial government from long association with the state archives. His perceptive biographies of illustrious Roman leaders have provided the modern world with an insider's view of the last years of the Republic and the first century of the Empire.*

This segment of On the Lives of the Caesars describes notable deeds and characteristics of Octavian, Julius Caesar's nephew, who established the Roman Empire and proclaimed himself Caesar Augustus.

Nātus est Augustus M. Tulliō Cicerōne et C. Antōniō cōnsulibus, IX Kalendās Octōber ante orientem sōlis. Posteā Gaī Caesaris et deinde Augustī nōmen cēpit.

Avunculus Plancus dīxit. "Debēmus infantem appellāre Rōmulum prō rēge prīmō." Aetāte IV patrem āmīsit.

Avunculus ad Hispāniam prōcessit. Augustus quoque prōcessit. Iter difficile Jūlius laudāvit.

cōnsulibus *during the consulships*
IX Kalendās Octōber *September 23, 63 B.C.*
orientem sōlis *sunrise*

prōcessit *went*   quoque *also*

67

Bella cīvīlia pugnāvit post mortem Julī Caesaris. Brūtum atque Cassium occīdit. Marcum Antōnium inimīcum Rōmae prōclāmāvit. Antōnium ad mortem coēgit.

Cupiēbat Cleopātram vīvam Romae. Cleopātra sē occīdit. Augustus duōs posuit in tumulō ūnō. Antōnium iuvenem interfēcit. Caesariōnem item, fīlium Caesaris Cleopātraeque, interfēcit.

Exercitum mūtāvit. Disciplīnam sevērissimē rēxit. Decimam legiōnem ob ignōminiam dīmīsit. Centuriōnēs quī statiōnēs dēseruērunt pūnīvit morte. Temptāvit bis rem pūblicam reficere.

Pūblica opera plūrima aedificāvit. Spatium urbis in regiōnēs vīcōsque dīvīsit. Contrā incendia nocturnās vigilēs creāvit. Tiberem lātiōrem fēcit. Viās refēcit. Librōs sacrōs in bibliothēcā posuit. Contrā latrōnēs mīlitēs posuit. Lēgēs novās scrīpsit. Cibum populō distribuit. Frūmentum miserīs dōnāvit. Spectācula magnifica et varia dedit.

Populus Augustō cognōmen "pater patriae" dedit. Augustus lacrimāvit. Urbs Caesarēa appellāta est prō Augustō. In pāce rēxit. Grātiōsus et clēmēns erat. Habitāvit moderātē. Casa humilis erat, item vestēs eius. Convīvia amābat cum mūsicā et fābulātōribus. Festōs et feriās celebrābat. Cibum vīnumque minimum ēdit. Post cibum requiescēbat.

inimīcum *outlaw*
ad mortem coēgit *forced to commit suicide*
vīvam *alive*
  sē occīdit *killed herself*
tumulō *grave*
  iuvenem *the younger*
rēxit *supervised*

ob ignōminiam *because of dishonor* **statiōnēs** *posts*
dēseruērunt *deserted*
  bis *twice* **reficere** *restore*
opera *works* **spatium** *area*
  regiōnēs *districts*
vīcōs *wards* **incendia** *fires*
  nocturnās vigilēs *night patrol*
lātiōrem *wider*
  bibliothēcā *library*
latrōnēs *thieves*
spectācula *entertainments*

lacrimāvit *wept*
  appellāta est *was named*
grātiōsus *gracious*
  clēmēns *merciful*
  humilis *unassuming*
convīvia *parties*
  fābulātōribus *storytellers*
festōs *religious festivals*
  feriās *holidays*
requiescēbat *napped*

EXERCISES

A. Supply a short answer to each of the following questions:

1. Which legion shamed itself?

2. What entertainment did Augustus like at parties?

3. Where did he bury Cleopatra?

4. What did Uncle Plancus want to name him?

5. What did Augustus twice try to restore?

6. What city was named for him?

7. How were centurions punished for deserting their posts?

8. What name did the people give Augustus?

9. How did he change the Tiber River?

10. How did he impress his Uncle Julius?

B. Underline the appropriate word to complete each sentence. Then translate each sentence into English:

1. Augustus in (centuriōnēs, bibliothēcā, ignōminiam, aviam) sacrōs librōs posuit.

2. (Lēgēs, orientem, cognōmen, inimīcum) novās scrīpsit.

3. (Lacrimāns, Clēmēns, Grātiōsus, Nātus) est ante orientem sōlis.

4. Post cibum (celebrābat, coēgit, requiescēbat, ēdit.)

5. (Honōre, Casa, Spatium, Kalendas) urbis in regiōnēs vīcōsque dīvīsit.

C. Match the words in the left column with the appropriate modifiers from the passage. Write the matching letter in the space provided:

1. spectācula _____		a. prīmō
2. rēge _____		b. moderātē
		c. plūrima
3. prōcessit _____		d. magnifica
4. Tiberem _____		e. vīvam
		f. item
5. bella _____		g. cīvīlia
6. habitāvit _____		h. quoque
		i. ūnō
7. opera _____		j. lātiōrem
8. tumulō _____		
9. Cleopātram _____		
10. interfēcit _____		

D. Express the following prepositional phrases in English:

1. contrā incendia _____

2. prō Augustō _____

3. post mortem _____

4. ob ignōminiam _____

5. in regiōnēs _____

6. ante orientem sōlis _____

7. cum mūsicā _____

8. in pāce _____

E. Match the verbs in the left column with their direct objects according to the passage. Write the matching letter in the space provided:

1. amābat _____		a. nōmen
2. cēpit _____		b. disciplīnam
		c. patrem
3. occīdit _____		d. Brūtum atque Cassium
4. dīmīsit _____		e. feriās
		f. convīvia
5. creāvit _____		g. legiōnem
6. rēxit _____		h. bella
		i. viās
7. refēcit _____		j. vigilēs
8. celebrābat _____		
9. āmīsit _____		
10. pugnāvit _____		

F. Refer to the vocabulary in the passage to determine whether each italicized word is used correctly to make a true statement. Write **T** for true or **F** for false in the blank. If necessary, consult a dictionary:

1. _____ An *incendiary* speech is intentionally inflammatory.

2. _____ To *commiserate* is to scold a sufferer.

3. _____ *Humble* people always feel more important than everyone else.

4. _____ *Vicinity* refers to the surrounding area.

5. _____ A *habitat* is the place where something lives.

6. _____ *Fabulous* means based on fact.

7. _____ *Lacrimal* glands secrete tears.

8. _____ *Nonoperational* means that something is not working.

9. _____ A *mutation* is a change.

10. _____ *Clemency* is a brutal act.

G. Match the Latin words in the left column with the meaning of their Latin root words. Write the matching letter in the space provided:

1. regiōnēs _____	a. stand
2. convīvia _____	b. carry
3. reficere _____	c. rule
4. Octōber _____	d. place
5. orientem _____	e. force
6. lātiōrem _____	f. father
7. patriae _____	g. hundred
8. statiōnēs _____	h. send
9. centuriōnēs _____	i. rise
10. magnifica _____	j. make
	k. alive
	l. great
	m. wide
	n. poor
	o. eight

H. Divide these words into prefix, root word, suffix, and ending. Some words have more than one ending or no prefix:

Example: prōpōnēbant   prō + pōnē + ba + nt

1. requiescēbat _____

2. fābulātōrēs _____

3. sevērissimē _____

4. interfēcit _____

5. prōclāmāvit _____

6. vīnumque _____

7. festōs _____

8. lātiōrem _____

I. Research the lives of three notable emperors, such as Constantine, Vespasian, Marcus Aurelius, or Tiberius. Compare their reigns and contributions to those of Augustus. Prepare a time line to accompany each report.

J. Write a speech in which you summarize the opposing elements of Augustus's life — the brutal with the gentle, the grand with the simple.

K. On your own: Read more of Suetonius's incisive description of Rome's first emperor, Caesar Augustus:

Hieme tunicās quattuor, togam gravem, subūculam, et vestēs aliās Augustus gerēbat. Aestāte in hortō dormiēbat. Sōlem nōn amāvit. Petasum lātum gerēbat in casā quoque.

Lectīcā itinera Augustus faciēbat — nocte et tardē. Rārē lavābat. Unguebantur ā servīs saepe aut sūdābat ad flammam. Deinde perfundēbat aquā moderātā.

Exercitātiōnēs equōrum et armōrum post cīvīlia bella ōmīsit. Prō relaxātiōne amābat piscārī aut tālīs lūdere.

Per notās scrīpsit, B prō A, C prō B. Graecās litterās amāvit. Magistrum, Apollodōrum senem, habēbat. Nōn bene dixit in Graecē. Latīnē scrīpsit. Scrībae verba convertēbant in Graecam.

Religiōne, tonitrua et fulmina timēbat. Prō remediō pellem vitulī marīnī portābat. Quotannīs in diē certō ēmendīcābat ā populō.

Mēnsibus decem ante nātālem eius, māter Ātia serpentem vīdit in templō Apollinis. Dixit: "Fīlius meus Apollinis est."

hieme *in winter*
  subūcula *undershirt*
aestāte *in summer*
  hortō *garden*
petasum *hat*
lectīca *litter*
unguēbātur *was anointed*
  sūdābat *sweated*
perfundēbat *showered*
exercitātiōnes *exercise*

ōmīsit *gave up*
  piscārī *to fish*   tālīs *dice*
  lūdere *to play*
notās *code*
senem *old man*
Graecē *in the Greek language*
  convertēbant *translated*

tonitrua *thunder*
  remediō *antidote*
pellem vitulī marīnī
  sealskin
  quotannīs *every year*
  diē certō *on a certain day*
ēmendīcābat *begged*
Apollinis *belongs to Apollo*

Suprēmō diē, speculum petīvit. Capillum cōmī rogāvit. Repentē in osculīs Līvae mortuus est. Verba ultima eius erant: "Līvia, tenē memoriā nostrum coniugium. Vīve ac valē." Euthanāsiam dēsīderāvit et recēpit.

Annō et mēnsibus quattuor ante mortem eius, testāmentum scripsit. Testāmentum, et tria alia volumina Virginēs Vestālēs retinuērunt. Senātorēs in sēnātū legērunt omnia volūmina.

Tibērium et Līviam hērēdes prīmōs nōmināvit. Lēgāvit populō Rōmānō CD sestertium. Dē tribus volūminibus, prīmum dē fūnere suō erat. Secundum vītam descrīpsit. Ultimum imperium descripsīt.

suprēmō *last*   **speculum**
   mirror   **capillum** *hair*
   cōmī *to be combed*
repente *suddenly*
   in osculīs *kissing*
coniugium *life together*
euthanāsiam *easy death*

testāmentum *will*

retinuērunt *kept*

hērēdes *heirs*
   lēgāvit *bequeathed*

fūnere *funeral arrangements*
imperium *empire*

XIII
MARCUS AURELIUS

Meditātiōnēs

BACKGROUND: One of Rome's popular emperors, Marcus Aurelius Antoninus (121–180 A.D.), is noted for military preparedness against foreign invaders as well as a similar firmness in his personal life. He followed a philosophy of stoicism or denial of emotion. In a special notebook intended for his son and successor, Commodus (161–192 A.D.), the emperor wrote short statements of wisdom as a guide for his successor.

This segment of Marcus Aurelius's Meditations describes his stoic strengths and their origins.

Ab avō meō Vērō mōrēs bonōs ac moderātiōnem īrae didicī. Ā patre meō, modestiam ac fortitūdinem.

avō *grandfather* mōrēs *morals* moderātiōnem *control* didicī *I learned* fortitūdinem *manliness*

Ā mātre meā, pietātem et līberālitātem et abstinentiam ab injūriīs quoque ā cōgitātiōnibus malīs didicī. Item accēpī simplicitātem vītae meae — longissimē consuētūdinibus nōbilium.

Ā proavō meō, quī in scholīs pūblicīs nōn aderat, didicī prō ēducātiōne līberē pecūniam agere.

Ā praefectū meō, in Circō Maximō atque in pugnīs gladiātōriīs vītāre factiōnēs, aut caeruleās aut viridēs. Ab eō didicī tolerantiam labōris, frūgālitātem et labōrem manuum meōrum. Item didicī nōn in rēbus aliēnōrum mē interpōnere, et nōn calumniam audīre.

Ā Diognetō, nōn parvissima sollicitāre didicī. Didicī ā Rūsticō, nōn abdūcī. Ab Apollōniō didicī voluntātem fīrmam et cōnsilium.

Ā Sextō, mentem līberālem didicī; ab Alexandrō grammaticō, nōn incūsāre.

Ā frātre meō Sevērō, familiam meam amāre et vēritātem amāre et jūstitiam amāre didicī.

Ā Maximō, temperantiam et in omnibus hilaritātem.

In patre meō, lēnitātem observābam. Nōn amābat glōriātiōnem. Aliōs audiēbat. Cīvem humilem sē vidēbat. Numquam investīgātiōnem dēsistēbat. Amīcōs tenēbat. Longissimē omnia prōvidēbat. Nōn superstitiōsus aut superbus erat. Philosophōs honōrābat.

pietātem *piety*
līberālitātem *generosity*
injūriīs *harm*
cōgitātiōnibus *thoughts*
longissimē *far from*
consuētūdinibus *habits*
proavō *great-grandfather*
quī nōn aderat *who did not attend*
praefectū *governor*
vītāre *to avoid*
factiōnēs *taking sides*
caeruleās *blues*
viridēs *greens*
frūgālitātem *thrift*
aliēnōrum *others'*
mē interpōnere *meddle*
calumniam *slander*
sollicitāre *to concern myself*
abdūcī *to be seduced*
cōnsilium *purpose*
incūsāre *blame*

hilaritātem *cheerfulness*

lēnitātem *gentleness*
glōriātiōnem *boasting*
humilem *humble*
investīgātiōnem *research*
dēsistēbat *stopped*
prōvidēbat *foresaw*
superbus *haughty*

Corpus suum cūrābat. Nōn mūtātiōnēs amābat. In locīs eīsdem remanēre dēsīderābat. Paucissima rārissimaque sēcrēta tenēbat. Neglegēbat cibōs, vestēs, et pulchritūdinem servārum. Numquam asper aut violēns erat. Validus et moderātus in omnibus erat.

Obligātus deīs sum prō avīs bonīs, parentibus bonīs, sorōre bonā, magistrīs bonīs, comitibus bonīs — omnibus bonīs. Grātiās deīs agō prō līberīs integrīs meīs, prō corpore sānō — et prō mātre meō. Cum eā habitāvī ad mortem eius. Aestimō uxōrem meam — obēdientem, amantem, facilem. Omnibus fortūnam et deōs grātiās agō.

cūrābat	*cared for*
mūtātiōnēs	*change*
eīsdem	*same*
neglegēbat	*gave little thought to*
pulchritūdinem	*beauty*
asper	*harsh*
validus	*strong*
obligātus	*obliged*
comitibus	*companions*
integrōs	*healthy*
aestimō	*value*
amāntem	*affectionate*
facilem	*good-natured*

EXERCISES

A. Complete each sentence with the correct element chosen from the following list:

> in omnibus erat
> et nōn calumniam audīre
> longissimē consuētūdinibus nōbilium
> grātiās agō
> quī scholās pūblicās nōn aderat
> obēdientem, amantem, facilem
> didicī voluntātem fīrmam et cōnsilium
> vītāre factiōnēs, aut caeruleās aut viridēs

1. Omnibus fortūnam et deōs _____.

2. Validus et moderātus _____.

3. Aestimō uxōrem meam — _____.

4. Item accēpī simplicitātem vītae meae — _____

_____.

5. Ā praefectū meō, in Circō Maximō atque in pugnīs gladiātōriīs _____

_____.

B. Fill in an English word or phrase to complete each of the following statements:

1. From his _____, Marcus Aurelius learned to spend generously on education.

2. Marcus Aurelius _____ gentleness in his own father.

3. Marcus Aurelius's father honored _____

4. The emperor thanks the gods that his children are _____.

5. From his _____, the emperor learned not to gamble on _____ fights.

6. He lived with his _____ until her death.

7. The emperor's father took no notice of food, clothing, or the beauty of _____.

8. _____ taught the emperor not to worry over trivial things.

9. From Alexander, the _____, the emperor learned not to place _____.

10. Marcus Aurelius values his _____, who is obedient, affectionate, and good-natured.

C. Translate the following phrases into English:

1. aliōs audiēbat _____

2. corpus suum cūrābat _____

3. longissimē consuētūdinibus nōbilium _____

4. sēcrēta tenēbat _____

5. quī in scholīs pūblicīs nōn aderat _____

D. Locate the Latin equivalents of the following phrases in the passage:

1. from my brother _____

2. not to meddle _____

3. not to be swayed _____

4. I received good character _____

5. either blue or green _____

E. Name the part of speech of each group of words:

1. nōn, longissimē, item, numquam _____

2. glōriātiōnem, comitēs, mortem, frūgālitātem _____

3. humilem, omnibus, fīrmam, obēdiēns _____

4. honōrābat, aderat, agere, tenēbat _____

5. in, cum, ā, prō _____

6. quī, eō, eā, aliōs _____

7. ēducātiōne, grammaticō, liberōs, tolerantiam _____

8. didicī, dēsistēbat, vītāre, audīre _____

F. Underline the word in each line that is a different number:

1. cibōs, corpore, avōs, sēcrēta, pūblicīs
2. mūtātiōnēs, mātre, amāns, agō, didicī
3. asper, violēns, sānō, aderat, nōbilium
4. manuum, grātiās, bonōs, jūstitiam, caeruleās
5. erat, deīs, patre, Maximō, mentem

G. Locate a word from the passage that is related to each of the following English words:

1. aspirin _____   6. invalidate _____
2. inevitably _____   7. inestimably _____
3. interpose _____   8. reagent _____
4. leniency _____   9. cerulean _____
5. negligibly _____   10. alias _____

H. Make a list of the Latin forms from the story that contain a complete English word. Underline each English word (Example: mūtātiōnēs).

I. Using the parallel structure of the passage, set up your own evaluation of your strengths. Begin each line, "From _____, I learned _____."

J. Outline a five-minute speech on the nature and purpose of stoicism. Use examples from the life of Marcus Aurelius to explain how stoics live.

K. On your own: Read the following proverbs from the writings of Marcus Aurelius:

1. Vīta proelium est, et iter in terrā barbarā, sed fāma oblīviō est.

    oblīviō *oblivion*

2. Tempus flūmen factōrum est. Omnia praetervolābuntur.

    factōrum *of events*
    praetervolābuntur *will be swept away*

3. Quae exāminī mala sunt, mala apī.

    exāminī *for the swarm*
    apī *for the bee*

4. Cum deīs habitā.

5. Nōlī mortem spernere. Cum favōre eam spectā. Pars nātūrae mors est.

    spernere *disparage*
    favōre *appreciation*

6. Sub superficiē spectā.

    superficiē *surface*

7. Artem quam didicistī amā. Cum eā contentus es.

    artem *trade*   **es** *be*

8. Māne tibi dīc: "Conveniam ardeliōnem, ingrātum, arrogantem, fallācem, invidum, inimīcum. Nōn nocēre mē possunt. Nōn irrītāre mē possunt. Non ōdisse possum. Prō amīcitiā nōs factī sumus, similēs pedibus, similēs manibus, similēs oculīs, similēs dentibus."

    māne *in the morning*
    dīc *say*
    conveniam *I shall meet*
    ardeliōnem *busybody*
    fallācem *deceitful*
    invidum *envious*
    nocēre *harm*
    irrītāre *anger*   **ōdisse** *hate*
    factī sumus *we are made*

9. Semper similis Rōmānō putā.

10. Bonus es.

XIV
APULEIUS
Metamorphōses

BACKGROUND: *Lucius Apuleius Africanus (ca. 125–
ca. 171 A.D.), Rome's first novelist, was born in North
Africa. A well-traveled, well-educated dabbler in magic,
law, religion, and philosophy, he earned his living in
part through lecture and writing. Later authors, including
Boccaccio, Cervantes, and Rabelais, were influenced by
his greatest work,* The Golden Ass.

*This segment of Book I tells a bit about the author's
early life and narrates the first lines of his novel:*

Familia mea in Hymettō et Spartae habitābat. Ibi in Graeciā
in scholā eram et linguam Graecam bene studuī. Mox in urbem
Rōmam advēnī. Linguam Latīnam industriā magnā studēbam. Tibi
fābulam Graecam incipiō.

    Ad Thessaliam iter faciēbam — trans montēs dūrōs et vallēs
et herbam et campōs. Equus albus meus tardē mōvit. Tum in
terram dēsiluī et equum fricuī et aurēs permulsī. Frēnōs dētrāxī
et ambulāvī dum in campō equus pastus est.

    Et dum equus meus edēbat, ambulātōrēs duōs vīdī. Conversā-
tiōnem audīvī: "Verba tua sunt falsa." Virum petīvī et respondī:
"Fābulam tuam mihi dīc."

Hymettō *a mountain in
Attica*

advēnī *arrived*
  industriā *effort*
incipiō *I begin*
iter faciēbam *I was
  journeying* **vallēs** *valleys*
dēsiluī *I jumped down*
  fricuī *rubbed*
  aurēs *ears*
  permulsī *petted*
  frēnōs *reins*
  dētrāxī *unharnessed*
pastus est *fed*
ambulātōrēs *travelers*

Barbarus rīsit: "Vērō, mendācium vērum est — sī magicō flūmina celeria mūtāre dīrectiōnem possunt; mare ligārī potest; ventī exspīrārī possunt; sōl inhibērī potest; lūna in terrā pōnī potest; stellae ā caelō capī possunt; dies obscūrus facī potest; et nox semper continuāre potest."

barbarus *stranger* rīsit *laughed* mendācium *lie*
dīrectiōnem *course*
ligārī *be bound*
inhibērī *be eclipsed*
capī *to be taken*
obscūrus *dark*

Ācriter dīxī: "Reliquam fābulam tū mihi nārrā."

ācriter *eagerly*

Barbarus respondit: "Tibi grātiās agō. Fābula haec est."

Ā Sōle, deō quī vīdit, omnia vēra sunt. Audīte. Graecus sum. Faciō iter per Thessaliam ad Aetōliam Boeōtiamque. Mellem vel cāseum vel cibum alterum vēndō.

mellem *honey*

cāseum *cheese* vēndō *I sell*

Hypātam, quae cīvitās mājor Thessaliae est, advēnī. Fortūnā ibi vesperā ad balneās pūblicās prōcēdēbam. Amīcus meus Sōcratēs sedēbat in terrā. Erat miser. Tenuis erat similis mendīcābulō.

vesperā *at dusk*
balneās *baths*
tenuis *thin*
mendīcābulō *beggar*

"Sōcratēs, quid est? Quae facis?" interrogāvī.

Respondit, "Fortūnam malam habeō."

Ego auxilium dedī amīcō meō. Novās vestēs dedī. Manibus meīs balneās et cibōs amīcō servīvī. Ad tavernam eum dūxī. Lectum meum dōnāvī.

vestēs *clothing*

servīvī *I offered*

lectum *bed*

Mihi Sōcratēs dīxit: "Heu, mē miserum. Latrōnēs pecūniam meam cēpērunt. Ad casam advēnī. Meroē in casā habitāvit. Antīqua, nōn ingrāta, sed vērō Meroē maga est!"

heu *alas* latrōnēs *thieves*

ingrāta *displeasing*
maga *witch*

EXERCISES

A. Locate examples of the following forms in the passage:

1. interjection _____

2. noun of address _____

3. pronouns _____

4. conjunctions _____

5. prepositions _____

B. Underline the word that best expresses the English word indicated:

1. true
   (a) auxilium   (b) vestēs   (c) vēra   (d) Graecus   (e) conversātiōnem
2. alas
   (a) dōnāvī   (b) industriā   (c) maga   (d) cāseum   (e) heu
3. city
   (a) mendīcābulō   (b) cīvitās   (c) possunt   (d) mare   (e) campō
4. bed
   (a) reliquam   (b) obscūra   (c) sōl   (d) lectum   (e) manibus
5. to change
   (a) bene   (b) mūtāre   (c) ācriter   (d) interrogāvī   (e) ambulātōrēs

C. Place an X for any statement that can be proven from information in the passage:

1. _____ The speaker travels on horseback through mountains and valleys.

2. _____ Meroē, the witch, is old, ugly, and rude.

3. _____ The two travelers tell lies about their travels.

4. _____ The traveler's horse is white and slow.

5. _____ Socrates blames his friend for leaving him by himself in Thessaly.

6. _____ Food and lodging are available at the public baths.

7. _____ The storyteller sells honey and cheese.

8. _____ The storyteller is from Greece.

9. _____ Socrates tells his friend that robbers have taken his money.

10. _____ The robbers dump Meroē in front of the witch's house.

D. Referring to the passage, express the following in Latin:

1. poor me _____

2. I went in the evening _____

3. with my own hands _____

4. truly a magician _____

5. I am journeying to Aetolia _____

6. I jumped down and patted [his] ears _____

7. thin as a beggar _____

8. can blow themselves out _____

9. night can last forever _____

10. tell me _____

E. Find the plural forms of the following words in the story:

1. ventus _____   6. grātiam _____

2. montem _____   7. pūblicam _____

3. vallem _____   8. dūrum _____

4. vestem _____   9. cēpit _____

5. latrōnem _____   10. ambulātōrem _____

F. Locate antonyms in the passage for each of the following expressions:

1. black _____   6. hurray _____

2. bright _____   7. fat _____

3. I left _____   8. they can't _____

4. here _____   9. enemy _____

5. at dawn _____   10. I jumped up _____

G. Refer to the vocabulary in the passage to find a word that has the same root as each of these English words:

1. auxiliary _____

2. flume _____

3. edible _____

4. altered _____

5. durably _____

6. tavern _____

7. republic _____

8. mutation _____

9. parasol _____

10. benefit _____

H. Write the word in each row that is a different part of speech:

1. _____ mihi, mendīcābulō, latrōnes, pecūniam, casam

2. _____ antīqua, ingrāta, ego, obscūrus, Graecam

3. _____ vīdī, dīrectiōnem, audīte, faciō, advēnī

4. _____ montēs, vallēs, herbam, campōs, heu

5. _____ cibōs, balneās, mellem, fābulam, sed

I. Working with a small group, compose the next scene of the story as the witch talks to Socrates. Show how she demonstrates her powers.

J. Compare the events that happen to Socrates to the parable of the Good Samaritan.

K. On your own: Read the following lines from Apuleius's novel in which Lucius is transformed into an ass:

Meroae dīxī: "Dēsīderō esse avis. Similis Cupīdinī dēsīderō."

avis *bird*   **Cupīdinī** *Cupid*

Respondit Meroē: "Dēsīderās in mē trīstitiam facere? Sī
es avis, tē vidēre possum? Tē audīre possum?

trīstitiam *sadness*

Meroae dīxī: "Dēsīderō volāre similis aquilae. Dēsīderō
ālās. Semper tē sōlam amō."

volāre *fly*   **aquilae** *eagle*
ālās *wings*   **sōlam** *only*

Meroē dīxīt: "Domina mea mē docuit magicās artēs.
Hominēs mūtāre possum." In casam prōcessit ad arcam
magicam.

arcam *box*

Tunicam meam remōvī. Manū meō līberē unguentum
magicum in corpore meō posuī. Bracchia mea mōvī similis
avī. Nec pennae nec ālae appāruērunt. Sed comae meae
dēnsae erant. Pellis meus erat dūrus. Decem digitī meī in
ungulās mūtātī sunt. Ā tergō meō cauda magna erat. Ōs
longum et nārēs lātās et labra pendentia habēbam. Aurēs
meae sētās longās habēbant.

līberē *generously*
  unguentum *ointment*
bracchia *arms*
pennae *feathers*   **comae**
  hair **dēnsae** *thick*
pellis *skin*   **ungulās** *hooves*
tergō *back*   **cauda** *tail*
  ōs *mouth*
nārēs *nostrils*   **labra** *lips*
  pendentia *drooping*
  sētās *bristles*
asinus *ass*

Avis non eram. Asinus eram! Dēsīderābam clāmāre, sed
vōcem nūllam habuī.

Meroē exclāmāvit: "Heu, sum misera. Arcam falsam cēpī!
Requīrō rosās. Sī edis rosās, iterum Lūcius eris. Crās remedium
parābō."

falsam *wrong*

requīrō *I need*
  Sī edis *If you eat*
  iterum eris *again you will be*
  crās remedium parābō
    tomorrow I will get a remedy

Lūcius lacrimāvit. Esse vir dēsīderāvit sed asinus erat. In
stabulō habitābat cum equīs.

lacrimāvit *cried*
stabulō *stable*

ST. AUGUSTINE
Dē cīvitāte Deī

BACKGROUND: *Aurelius Augustinus (354–430 A.D.), later known as St. Augustine, was born in humble circumstances in Numidia, near Tunisia. Through a patron, he studied philosophy at Carthage and became a teacher of grammar and rhetoric. After Augustine's conversion to Christianity, he lived to see the fall of Rome to Vandal invasions, but he maintained to the end his staunch hold on his religious faith.*

This segment from Book III of St. Augustine's City of God comments on violent stories from Rome's early history:

Quae erant mortēs septem rēgum Rōmānōrum? Deī Rōmulum recēpērunt. Per Jūlium Proculum Rōmulus mandāta dedit populō Rōmānō. Rōmulum populus coluit inter deōs.

Hōc tempore, Jūlius Proculus populum Rōmānum repressit atque sēdāvit. Acciderat dēfectiō sōlis. Multitūdō dēfectiōnem sōlis meritīs Rōmulī tribuēbat.

mortēs *deaths*
mandāta *commands*
coluit *worshiped*

sēdāvit *calmed*
  acciderat *there occurred*
  dēfectiō sōlis *solar eclipse*
meritīs *achievements*
  tribuēbat *attributed*

Numam Pompilium et Ancum Marcium morbī occīdērunt. Reliquī rēgēs horrendōs mortēs habuērunt.

morbī *diseases*

Tullum Hostīlium, rēgem tertium, fulmen occīdit. In verbīs populī deī fulmen mīsērunt quod Tullus rēx bonus erat. Tōtam familiam suam fulmen cremāvit.

fulmen *lightning*

cremāvit *burned up*

Tarquinium Priscum fīlius suī dēcessōris interfēcit. Servium Tullium occīdit Tarquinius Superbus. Tum Tarquinius Superbus successit ad rēgnum Rōmānum. Tarquinius multa bella et multās victōriās vīcit. Capitōlium praedā aedificāvit.

dēcessōris *predecessor*

occīdit *murdered*

successit *succeeded*

praedā *with loot*
aedificāvit *built*

Deī Rōmānōrum facta mala vīdērunt. Juppiter in altissimō templō nōn Tarquinium amāvit. Rēgnum Tarquinī malum erat.

Rōmānī Tarquinium expulērunt ē Rōmā. Rēgem sēclūsērunt ā mūrīs cīvitātīs ob mala facta fīlī suī. Fīlius Lucrētiam violāvit. Rēx, post bella gravissima, rēgnum recipere nōn potuit. In oppidō Rōmae vīcīnō XIV annōs prīvātam vītam quiētē habuit cum uxōre.

expulērunt *drove out*
sēclūsērunt *shut*
violāvit *harmed*

vīcīnō *nearby*
uxōre *wife*

EXERCISES

A. Complete each sentence with the correct element chosen from the following list:

> Rēx, post bella gravissima
> Tōtam familiam suam
> Rōmulum populus coluit
> Rēgem sēclūsērunt ā mūrīs cīvitātis
> Multitūdō dēfectiōnem sōlis

1. _____ ob mala facta fīlī suī.

2. _____ rēgnum recipere nōn potuit.

3. _____ meritīs Rōmulī tribuēbat.

4. _____ inter deōs.

5. _____ fulmen cremāvit.

B. Fill in each blank with a suitable Latin word or phrase from the story:

1. After his exile, Tarquinius Superbus lived with his _____ for _____ years in a town near Rome.

2. The first king of Rome, _____, was worshiped among the _____.

3. _____ killed both _____ and Ancus Marcius.

4. The son of _____ harmed _____.

5. _____ won many wars and many _____.

6. The last king, after very serious _____, could not _____ his kingdom.

7. Tarquinius Superbus built the _____ from his _____.

8. Romulus gave _____ to the Roman people through _____.

9. The crowd attributed the _____ of the sun to the merits of _____.

10. The son of his _____ killed Tarquinius _____.

C. Make slight alterations in the following words to turn them into English words:

1. dēfectiō _____   6. facta _____

2. meritīs _____   7. horrendōs _____

3. tōtam _____   8. morbī _____

4. mandāta _____   9. quiētē _____

5. templō _____   10. victōriās _____

D. Match each Latin word in the left column with the appropriate part of speech. Write the matching letter in the space provided:

1. tertium _____
2. mandāta _____
3. cum _____
4. habuērunt _____
5. atque _____
6. tum _____
7. mala _____
8. ad _____
9. sōlis _____
10. quae _____

a. adjective
b. adverb
c. conjunction
d. interjection
e. noun
f. preposition
g. pronoun
h. verb

E. Locate a word in the passage that is related to the italicized word in each sentence below:

1. _____ Among the many beautiful buildings in Washington, D.C., the Jefferson Memorial is a noble *edifice*.

2. _____ This safe has proved itself nearly *inviolable*.

3. _____ Some foods, such as milk and yogurt, contain a natural *sedative*.

4. _____ Bus 491 will take you to the *vicinity* of Aycock Auditorium.

5. _____ Alexander the Great *succeeded* his father, Philip of Macedon, to the throne.

6. _____ *Repressed* feelings often resurface in altered form.

7. _____ This account *attributes* the foreman's death to natural causes.

8. _____ Dr. Violet Anne Andrews reports that the findings are *defective*.

9. _____ The first seven books of the Bible are known as the *Septuagint*.

10. _____ *Solar* power is a clean, efficient method to harness the sun's rays.

F. Translate the following sentences into English:

1. Numam Pompilium morbus occīdit — nōn fulmen.

_____

2. Ā mūrīs Rōmae rēgem sēclūsērunt.

_____

3. Populus Rōmulum inter deōs coluit.

_____

4. Tarquinius rēgnum recipere nōn potuit.

_____

5. Jūlius Proculus populum repressit.

_____

G. Answer these questions:

1. Who was killed by a predecessor's son?

_____

2. Which king joined the gods in heaven?

_____

3. How many kings did ancient Rome have?

_____

4. How many kings suffered violent deaths?

_____

5. Which king could not recover his kingdom after a setback?

_____

6. Which temple did Jupiter occupy?

_____

7. Who claimed to rule the people through commands sent down from Romulus?

_____

8. With whom did Tarquinius Superbus live out his life?

_____

9. On what aspect of the seven kings of Rome does this passage focus?

_____

10. Who died with Tullus Hostilius?

_____

H. Make a time line of the life of St. Augustine. Take your information from at least five sources. Accompany the assignment with a bibliography.

I. Draw a diagram of the Roman Forum. Mark the location of the most important temples and name the gods to which each is dedicated.

J. Prepare an oral report on the Pantheon. Explain the name and shape of the building and discuss how it has changed in recent times.

K. On your own: Read the following lines from St. Augustine's letter to his friend, Possidius, an African bishop:

Possīdiō, bonō frātrī et sacerdōtī salūtem dicō. Epistula tua occupātissimum mē invēnit.

Rogās dē ōrnāmentīs aurī et vestīs ēlegantibus. Nōlō sententiam meam dāre. Dē illīs dēbeō cōgitāre.

Capillōs nūdāre fēminās nōn decet. Fūcāre faciem — vel rubicundam vel candidam — fallācia est. Malum fēminās dēcipere marītōs suōs est. Nam vērum ornāmentum est mōrēs bonī.

Superstitiō ligātūrās pōnere in summīs auribus virōrum est. Illa ōrnāmenta serviunt daemōnibus. Moneō miserōs. Sacrilegium est. Timentne aurēs solvere ē signō diābolī?

sacerdōtī *priest*
  salūtem dīcō *I greet*
  epistula *letter*
occupātissimum *very busy*
aurī *of gold*
  ēlegantibus *showy*
  nōlō *I don't know how*
sententiam *opinion*
  cōgitāre *to think*
capillōs *hair*   **nūdāre** *to*
  bare   **decet** *it is fitting*
  fūcāre *to paint*
  faciem *the face*
rubicundam *red*
  candidam *pale*
  fallācia *deception*
dēcipere *to deceive*
  marītōs *husbands*
  mōrēs *character*
superstitiō *superstition*
  ligātūrās *amulets*
  summīs *tops*
daemonibus *devils*
sacrilegium *sacrilege*
  solvere *free*
  diabolī *devil*

XVI

ST. JEROME
Biblia

BACKGROUND: *The Latin Bible, translated by Saint Jerome around 405 A.D., contains some of the most elegant poetry in the Latin language. Jerome, whose real name was Eusebius Sophronius Hieronymus and who lived at Aquileia east of modern-day Venice, based his work on Hebrew, Greek, and Aramaic scriptures. The whole volume, containing 73 books, is called the* **Vulgate** *because it relied upon the language of the* **vulgus** *or common people.*

This passage from Ecclesiastes, 3:1–8, *traditionally attributed to King Solomon, was probably composed during the fourth century B.C. by an unknown author called simply* ecclesiasticus, *or "the preacher." From this Greek term, the Romans derived* ecclesia, *their word for the congregation of a church.*

Omnia tempus habent,
  et opportūnitātem sub caelō.
Tempus vītam agere et tempus morī,
  tempus pōnere sēmina et tempus metere,

sēmina *seeds*
  metere *to reap*
sānāre *to heal*
vāstāre *to destroy*

Tempus interficere et tempus sānāre,
  tempus vāstāre et tempus aedificāre,
Tempus lacrimāre et tempus rīdēre,
  tempus lūgēre et tempus saltāre,

lūgēre *to mourn*
  saltāre *to dance*
colligere *to gather*

Tempus saxa iacere et tempus saxa colligere,
  tempus arma tenēre et tempus prohibēre ab armīs,
Tempus recipere et tempus āmittere,
  tempus servāre et tempus abicere,

abicere *to throw away*

Tempus discindere et tempus suere,
  tempus tacēre et tempus dīcere

discindere *to tear apart*
  suere *to stitch*

Tempus amāre et tempus ōdisse
  tempus bellī et tempus pācis.

ōdisse *to hate*

EXERCISES

A. Line 3 of the poem contains the words **vītam agere**, an idiom meaning literally *to do life* or *to live*. Write in English the following idioms, each of which contains **agere** and a direct object:

1. pecūniam agere _____

2. grātiās agere _____

3. causam agere _____

4. carrum agere _____

5. negōtium agere _____

B. Write the following nouns in English:

1. caelō _____   5. opportūnitātem _____
2. pācis _____   6. tempus _____
3. bellī _____   7. ecclesia _____
4. vītam _____   8. armīs _____

C. Complete the following phrases with a word chosen from the list:

pōnere   tenēre   et   sub   ab   omnia   pācis   vītam

1. Tempus prohibēre _____ armīs.
2. Tempus interficere _____ tempus sānāre.
3. Tempus _____ agere.
4. _____ tempus habent.
5. Tempus _____ sēmina.
6. Tempus bellī et tempus _____ .
7. Tempus arma _____ .
8. Opportūnitātem _____ caelō.

D. Match each English word in the left column with its related Latin word in the right column. Write the matching letter in the space provided:

1. odious _____   a. vāstāre
2. lugubrious _____   b. ōdisse
                         c. lūgēre
3. seminary _____   d. sānāre
4. tacit _____   e. sēmina
                         f. tacēre
5. sanitize _____   g. tempus
6. devastate _____   h. omnia
                         i. colligere
7. omnibus _____   j. pācis
8. temporary _____
9. pacify _____
10. collection _____

E. Find the plurals of these words in the poem:

1. habet _____
2. sēmen _____
3. omne _____
4. saxum _____

F. Give the meanings of the following infinitives from the passage:

1. amāre _____

2. tenēre _____

3. tacēre _____

4. sānāre _____

5. pōnere _____

6. iacere _____

7. saltāre _____

8. ōdisse _____

9. metere _____

10. āmittere _____

G. Match each word in the left column with its antonym from the poem. Write the matching letter in the space provided:

1. to laugh _____
2. to live _____
3. to get _____
4. to gather _____
5. to be silent _____
6. to love _____
7. to tear down _____
8. to throw _____
9. to sew _____
10. to mourn _____

a. colligere
b. lacrimāre
c. discindere
d. morī
e. ōdisse
f. āmittere
g. dīcere
h. aedificāre
i. abicere
j. rīdēre

H. Underline the Latin word that best completes each sentence. Then write the English meaning in the space provided:

1. Galba can _____ in the streets with Anna during Saturnalia.
   (a) interficere   (b) saltāre   (c) prohibēre   (d) agere   (e) āmittere

2. We asked for a better _____ to help the flood victims.
   (a) sēmina   (b) bellī   (c) pācis   (d) morī   (e) opportūnitātem

3. War is a _____ of destruction and hate.
   (a) tempus   (b) suere   (c) pācis   (d) vītam   (e) omnia

4. Put the _____ and branches in the wheelbarrow, Max.
   (a) discindere   (b) bellī   (c) saxa   (d) vītam   (e) vulgus

5. Virginia will like _____ on the table, even broccoli.
   (a) omnia   (b) vāstāre   (c) ōdisse   (d) armīs   (e) sub

I. Answer the following questions in English:

1. Ubi sēmina agricolae pōnunt?

   _____

2. Tempusne pācis in terrā est?

   _____

3. Equīne in caelō volant?

   _____

4. Quod tempus somnī est — nox aut diēs?

   _____

J. Underline the pairs of opposites in the poem. Then read it aloud in Latin, emphasizing antonyms.

K. Locate several versions of this poem in English and compare the translations.

L. On your own: Read the passage below, which is the eighth psalm of David, the shepherd who became the first king of a united Israel and who established a capital in Jerusalem. Note that this poem establishes the Hebrew idea of humankind's place in the universe:

O domine, dominus noster,   **domine** *lord*
   quam bonum est nōmen tuum in tōtā terrā!   **nōmen** *name*
   Tū tuam glōriam posuistī super caelōs.   **posuistī** *you have put*
Infantēs et līberī nārrant potestātem tuam   **potestātem** *power*
   inimīcīs tuīs.
Cum videō caelōs tuōs, lūnam et stellās   **lūnam** *moon*   **stellās** *stars*
   quae tū fēcistī;   **fēcistī** *you have made*
Rogō: Quid est homō, quem tū tuā memoriā tenēs,   **tuā memoriā tenēs** *you*
   aut fīlius hominis quem vīsitās?   *remember*
Fēcistī hominem parviōrem quam angelōs,   **parviōrem quam** *smaller*
   et dedistī glōriam et honōrem   *than*
Et dedistī potestātem super terram,
   posuistī omnia sub pedibus eius,   **pedibus** *feet*
Omnēs ovēs et vaccās   **ovēs** *sheep*   **vaccās** *cows*
   Ita, et animālia,
Avēs in caelō et piscēs in marī   **avēs** *birds*   **piscēs** *fish*
   Et omnia quae movent in marī.
O domine, dominus noster,
   quam bonum est nōmen tuum, in tōtā terrā!

XVII

INSCRIPTIŌNĒS LATINAE

Duodecim Tabulae

BACKGROUND: *Much of our knowledge of how ancient Romans thought and spoke comes from the everyday scribblings, advertisements, and messages on walls, coins, monuments, tablets, road markers, tombstones, and metal strips that were thrown into sacred springs. These messages reveal a lively, alert nation interested in all facets of life, especially business and politics. An important contribution of these inscriptions is that they capture the Romans in a variety of moods and attitudes.*

1. Ego, P. Popilius, cōnsul, viam fēcī ab Rēgiō ad Capuam. In eā viā pontēs posuī. (On a milestone in Lucania, 132 B.C.)
2. L. Pisō, cōnsul, fīlius Lūcī. (Found on a slingshot in Sicily, 133 B.C.)

3. Ego, Servius Sulpicius Galba, cōnsul, fīlius Servī, pavīmentum   **pavīmentum** *pavement*
   fēcī. (On a tessellated floor either 144 or 108 B.C.)

4. Gāio Iūliō Caesarī, prōcōnsulī. (On a pedestal at Delos.)

5. Mānius mē fēcit Numeriō. (On a golden brooch dating to
   the seventh or sixth century B.C.)

6. Hīc iacet casta Semprōnia. Prō factīs bonīs coniūnx eam   **iacet** *lies*   **casta** *chaste*
   amat. (Found in Rome in first century B.C.)   **coniūnx** *husband*
                                                        eam *her*

7. Dīcō paulum. Stā ac lege.   **paulum** *little*
     Hīc est sepulcrum nōn   **stā** *stand*   **lege** *read*
       pulchrum pulchrae fēminae.   **sepulcrum** *tomb*
     Nōmen eius erat Claudia.
     Suum marītum amāvit.
     Fīliōs duōs habuit.
     Ūnus vīvus est.
     Ūnus mortuus est.
     Verba lepida dīxit.   **lepida** *gentle*
     Casam cūrāvit.
     Lānam fēcit.   **lānam** *wool*
     Dīxī. Abeī.   **abeī** *go away*
     (Claudia's grave marker, *ca.* 135–120 B.C.)

8. Crēdisne quae dīcunt? Nōn sunt ita. Nē fore stultus.   **nē fore** *don't be*
   (Replies of the oracle at the temple of Fortuna near Padua,   **stultus** *foolish*
   ca. 100 B.C.)

9. Mendācēs hominēs multī sunt. Crēdere nōlī. (Oracle of   **mendācēs** *liars*   **nōlī** *don't*
   Fortuna.)

10. Morbus magnus monstrātur. (Oracle of Fortuna.)   **morbus** *disease*
                                                             monstrātur *is revealed*

11. Lūcius Quintus Aulus servus Stātī mē fēcit.
    (Found on a clay tile, ca. 200–100 B.C.)

12. Urna aēna dē tabernā hāc āmittitur. Praemium: LXV sēstertiī.*   **aēna** *bronze*
    (Reward poster painted on a wall in Pompeii, 200–100 B.C.)

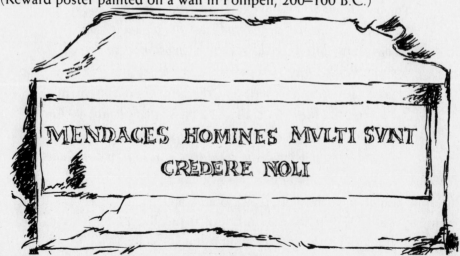

* **LXV sēstertiī** a little over sixteen days' pay for the average Roman

EXERCISES

A. Answer the following questions with words from the inscriptions:

1. How much is offered for the bronze jar? _____

2. What did Claudia make as part of her household duties? _____

3. Who built a road to Capua? _____

4. Who made a brooch for Numerius? _____

5. What was Servius Sulpicius Galba's father's name? _____

6. Why did Sempronia's husband love her? _____

7. What was Caesar's political post when the pedestal was built at Delos? _____

8. How many sons did Claudia have? _____

9. How does the oracle say one should respond to liars? _____

10. Who is Lucius Quintus Aulus? _____

B. Locate and give the English meanings of the forms in the inscription indicated in parentheses:

1. subject (12) _____

2. adverb (6) _____

3. direct object (3) _____

4. plural direct object (1) _____

5. prepositional phrase (12) _____

6. indirect object (5) _____

7. compound verb (7) _____

8. appositive (4) _____

9. possessive noun (2) _____

10. predicate adjective (9) _____

C. Indicate the number of each word with either an **S** for singular or **P** for plural. If the word has no number, write **N**:

1. morbus _____

2. Caesarī _____

3. ita _____

4. mē _____

5. mendācēs _____

6. sēstertiī _____

7. verba _____

8. dīcunt _____

9. vīvus _____

10. cūrāvit _____

11. ac _____

12. dīxī _____

13. hominēs _____

14. nōn _____

15. ab _____

D. Referring to the inscriptions, name the object of each word:

1. cūrāvit _____   6. ad _____

2. amāvit _____   7. prō _____

3. fēcī _____   8. habuit _____

4. dīxit _____   9. fēcit _____

5. ab _____   10. dē _____

E. Translate into English:

1. Ego sepulcrum fēcī. _____

2. Lūcius morbum magnum habuit. _____

3. Nōmen eius posuī. _____

4. Casta Claudia mortua est. _____

5. Praemium āmittitur. _____

6. Mendācēs stultī sunt. _____

7. Galba Caesarī mē fēcit. _____

8. In casā lāna monstrātur. _____

9. Urnam aēnam fēmina cūrāvit. _____

10. Ad pontem tabernae sunt. _____

F. Match the words from the inscriptions in the left column with their modifiers in the right column. Write the matching letter in the space provided:

1. _____ verba   a. virtuous
                           b. many
2. _____ morbus   c. gentle
3. _____ Sempronia   d. this
4. _____ fīliōs   e. here
                           f. terrible
5. _____ hominēs   g. two
6. _____ iacet   h. good
                          i. her
7. _____ factīs   j. 65
8. _____ marītum
9. _____ tabernā
10. _____ sēstertiī

G. Mark the following statements either **T** for true or **F** for false:

1. _____ Inscription 4 is a complete sentence.

2. _____ The implied subject of **stā** is "you" (singular).

3. _____ P. is the abbreviation for Pūblius.

4. _____ Lucius Quintus Aulus was Statius's slave.

5. _____ The subject of inscription 12 is **aēna.**

6. _____ **Numeriō** means *of Numerius.*

7. _____ One of Claudia's sons died before she did.

8. _____ Claudia's tombstone speaks to the passerby.

9. _____ Servius Sulpicius Galba was a slave's son.

10. _____ Popilius built a road to please the consul.

H. Select one of these assignments to research and write:

1. Write a paragraph detailing likely **factīs bonīs** for which Sempronia deserves thanks. Include ordinary events in the life of a Roman matron. Explain why Sempronia is referred to as "casta."
2. Write 10 questions that you might want to ask P. Popilius if you were interviewing him. Compose a different list for an interview with Gaius Julius Caesar.
3. Create an epitaph for Claudia's son. Include information about his parents, marital status, career, accomplishments, and children.
4. Compose an appropriate poster for Roman times, such as a campaign slogan for a prominent candidate or a "for sale" notice for a used vehicle or farm animal.

I. Read inscription 7 aloud into a tape recorder. Emphasize the flow of words by stressing the expressions that would receive emphasis in English, such as *another* and *go away.*

J. On your own: Translate the following statutes from the Laws of the Twelve Tables, Rome's legal code, which was established in 451-450 B.C. and covers public and private dealings as well as holy rites. The work exists only in fragments, but from frequent quotations by other authors, historians have created a framework of the original list of statutes by which early Rome was governed:

1. Solve dēbita XXX diēbus. Post deinde, mīlitēs prehendere atque in iūdicium tē dūcere possunt.
2. Sī pater fīlium ter vēndit, fīlius ā patre līber est.
3. Sī vir furiōsus est, potestātem pecūniae hērēdēs habent.
4. Celeriter interfectus erit puer dēfōrmātus ā patre.
5. Sī nocte fūr venit, possessor fūrem occīdere potest.
6. Mīlitēs mendācēs ē saxō Tarpēiō* iaciunt.
7. Cadāver in urbe neque sepultus neque cremātus esse potest.
8. Octō genera poenārum lēgēs dant: damnum, vincula, verbera, tāliōnem, ignōminiam, exilium, mortem, servitūtem.

solve *pay*
prehendere *to catch*
iūdicium *court*
ter *three times*
furiōsus *insane*
hērēdēs *heirs*
erit *will be*
fūr *thief* possessor *owner* occīdere *kill*
cadāver *corpse* sepultus *buried* cremātus *cremated*
damnum *fine*
vincula *chains*
verbera *flogging*
tāliōnem *punishment in kind; vengeance*
ignōminiam *shame*
exilium *banishment*

* **saxō Tarpēiō** a precipice on the Capitoline Hill, from which a traitor was hurled during Rome's early clash with the Sabines

XVIII

AUGUSTUS
Rērum Gestārum Dīvī Augustī

BACKGROUND: *Augustus Caesar (63 B.C.–14 A.D.)
was one of the giants of Roman history. The heir of an
equally illustrious uncle, Julius Caesar (100–44 B.C.),
Augustus established the remarkable Pax Romana, a
period of peaceful coexistence with fractious neighbors,
and at the same time strengthened Rome against invasion.
Augustus proudly proclaimed that he found Rome a city
of brick and left it a city of marble. As a politician,
ruler, military leader, and builder, he shaped the empire
for centuries to come.*

*This segment of Augustus's will covers many of the
emperor's most notable deeds.*

Annōs XIX nātus militēs duxī. Rēm pūblicam Romam malae
factiōnēs oppressērunt. Per militēs reī pūblicae lībertātem portāvī.

rērum gestārum *deeds*
dīvī *divine*
nātus *aged*

100

Caesarem factiōnēs interfēcērunt. Eōs Romā expulī. Factiōnēs vīcī bis in proeliō. Bella in terrā et marī in tōtō orbe pugnāvī. Omnibus civibus lībertātem dedī.

Circiter D mīlia civium Rōmānōrum posuī in colōniās aut in mūnicipia sua. CCC mīlia agrōs dedī cīvibus. Nāvēs DC cēpī.

Bis Romae triumphāvī. Appellātus sum imperātor. Ductī sunt ante currum meum rēgēs. Item rēgum līberī novem fuērunt ante currum meum.

Dux senātūs fuī. Pontifex maximus et augur fuī. In consulātū sextō cēnsum populī imperāvī. Numerus populī Rōmānī erat XL centum mīlia et LXIII mīlia.

Lēgēs novās fēcī. Populī sacrificāvērunt prō valētūdine meā. Plebī Rōmānae XXX sēstertiōs dedī ex testāmentō patris meī. LX dēnāriōs plebī dedī. Tum frūmentum pūblicum accipiēbant.

Cūriam fēcī. Capitōlium et Pompeium theātrum refēcī. In aedificiīs nūllam inscrīptiōnem posuī. Rīvōs complūrēs aquārum reparāvī.

Ter dōna gladiātōrium dedī meō nōmine. Vēnātiōnēs bestiārum Āfricānārum meō nōmine in circō aut in forō aut in amphitheātrīs populō dedī.

factiōnēs *political parties*
eōs *them*
bis *twice*
  in tōtō orbe *in the whole world*

mūnicipia *towns*

triumphāvī *I celebrated with a triumphal procession*
imperātor *commander in chief*
currum *chariot*
pontifex maximus *chief priest*   **augur** *prophet*
consulātū *consulship*
cēnsum *census*
valētūdine *health*

plebī *commoners*
  testāmentō *will*

Cūriam *senate building*
  refēcī *I rebuilt*
nūllam inscrīptiōnem posuī *took no credit*
  rīvōs *streams*
reparāvī *repaired*
vēnātiōnēs *hunts*

EXERCISES

A. Express these numbers in Roman numerals:

1. 19 _____   5. 30 _____

2. 40 _____   6. 60 _____

3. 600 _____   7. 63 _____

4. 500 _____   8. 300 _____

B. Match the Latin phrases in the left column with their English counterparts in the right column. Write the matching letter in the space provided:

1. pontifex maximus _____
2. rīvōs complūrēs _____
3. rērum gestārum _____
4. meō nōmine _____
5. patris meī _____
6. rēgum līberī _____
7. bis in proeliō _____
8. in tōtō orbe _____
9. cēnsum imperāvī _____
10. ter dedī _____

a. deeds
b. in the whole world
c. children of kings
d. chief priest
e. several streams
f. of my father
g. I ordered a census
h. twice in battle
i. three times I gave
j. in my name

C. Complete each analogy below with a word from the passage:

Example: drink: _____aqua_____ :: eat : cibum

1. bequeath : _____ :: perform : amphitheātrīs

2. gave : dōna :: attended : _____

3. oppression : _____ :: private : pūblicum

4. animals : _____ :: money : sēstertiōs

5. rīvōs : dry land :: _____ : upper classes

D. Give the English for the following compound elements from the passage:

1. in terrā et marī _____

2. Capitōlium et Pompeium theātrum _____

3. pontifex maximus et augur _____

4. aut in forō aut in amphitheātrīs _____

5. in colōniās aut in mūnicipia sua _____

E. Mark the following words either **S** for singular or **P** for plural. If the word does not have number, write **N**:

1. aedificiīs _____
2. civium _____
3. testāmentō _____
4. circiter _____
5. mīlia _____

6. currum _____
7. cūriam _____
8. sacrificāvērunt _____
9. cēpī _____
10. bis _____

F. Match each Latin word in the left column with the Latin word from which it derives. For example, **comporto** contains **porto** or *carry*. Write the matching letter in the space provided:

1. sacrificāvērunt _____
2. valētūdine _____
3. Rēm pūblicam _____
4. Rōmānōrum _____
5. inscrīptiōnem _____
6. accipiēbant _____
7. gladiātōrium _____
8. lībertātem _____
9. rēgum _____
10. reparāvī _____

a. rēs
b. Rōma
c. capiō
d. parō
e. rēgō
f. līber
g. scrībō
h. faciō
i. gladius
j. valeō

G. Mark the following statements either **F** for fact or **O** for opinion:

1. _____ Augustus took credit for all games in the circus.

2. _____ He instigated a world war.

3. _____ He exiled the conspirators who killed Caesar.

4. _____ He is proudest of rebuilding the Capitolium.

5. _____ The census held during his sixth consulship was expensive.

6. _____ The Roman people showed concern for his health.

7. _____ Augustus built the senate building.

8. _____ He showed his concern for the poor.

9. _____ Augustus was the first Roman to be both **pontifex maximus** and **augur**.

10. _____ He believed that the ways of his ancestors were preferable to the customs of his own times.

H. Outline the political events that marked Augustus's reign as emperor. Prepare a short speech from your notes.

I. Write a paragraph about the **āra pācis**, a memorial in Rome that honors Augustus.

J. Organize a panel discussion of Augustus's achievements and decide which accomplishment was most important to the stabilization of the empire.

K. On your own: Read the following lines from the remainder of Augustus's will:

Mare līberāvī ā pīrātīs. Jūrāvērunt mihi prōvinciae Galliae, Hispāniae, Āfricae, Siciliae, et Sardiniae. Omnium prōvinciārum Romae fīnēs auxī. Galliam, Hispaniam, et Germāniam pacāvī. Aegyptum in imperiō populī Rōmānī posuī.

Colōniās mīlitum in Africā, Siciliā, Macedoniā, Hispaniā, Achāiā, Āsiā, Syriā posuī. Signa Rōmāna mīlitāria recēpī ab inimīcīs. Ad mē Indiae rēgēs saepe misērunt lēgātiōnēs.

In consulātū sextō et septimō rem pūblicam ex meā potestāte in populī potestātem dedī. Prō auxiliō meō augustus appellātus sum. Senātus populusque Rōmānus appellāvit mē patrem patriae.

Cum scripsī haec, annōs LXXVI habuī.

pīrātīs *pirates*
jūrāvērunt *pledged allegiance*
auxī *I increased*
pacāvī *I subdued*

signa mīlitāria *military standards*

XIX

EINHARD

Karolus, Rex Francōrum

BACKGROUND: *A sensitive, artistic, educated noble-*
man, Einhard (ca. 775–840) befriended Charlemagne,
king of the Franks, whom he greatly admired. In 829,
after the king's death, Einhard immortalized him in a
brief biography, which he modeled after Suetonius's
Lives of the Caesars. *The work, composed in Latin*
like all scholarly works of the Middle Ages, remained in
manuscript form until its first printing in the sixteenth
century.

This segment of the biography describes Charlemagne's
physique, habits, and character.

Corpus rēgis erat magnum atque rōbustum. Habuit statūram magnam et oculōs magnōs vegetōsque. Nāsus paulō magnus erat. Cānitiēs pulchra in capite erat. Faciēs rēgis laeta erat.

Fōrmae auctōritātem ac dignitātem — stantis ac sedentis — ostendit. Vōx erat clāra. Valētūdō erat potēns.

Francōrum *of the Franks*
statūram *height*
vegetōs *lively* nāsus
  nose paulō *a little*
cānitiēs *gray hair*
stantis *standing*
  sedentis *sitting*
valētūdō *health or stamina*

Rēx exercēbat bene. Amāvit vēnātiōnem, ac natātiōnem. Dēlectābātur vapōribus aquārum calidārum. Invītāvit nōn sōlum fīliōs duōs ad balneum sed etiam amīcōs. Interdum centum hominēs ūnā lavāvērunt cum rēge.

In cibō et pōtū temperāns erat. Rex abōminābātur ēbrietātem. Cēnā lectōrem audiēbat. Optāvit historiās antīquās. Dēlectābātur librīs Sānctī Augustīnī, praecipuē "Dē cīvitāte deī".

Vīnum rārē bibēbat. Aestāte post cibum dēpōnēbat vestēs. Duābus aut tribus hōrīs quiēscēbat.

Erat ēloquēns et exūberāns in verbīs. Poterat dīcere perītissimē. Linguās studēbat. Latīnam aequē cum patriā linguā dīcēbat. Graecam intellegēbat, nōn dīcēbat.

Artēs līberālēs studiōsissimē colēbat. Doctōribus magnās honōrēs dōnābat. Amābat artem computandī. Cursum stellārum dīligenter studēbat. Temptābat scrībere in tabulīs in lectō, sed labor posteā incohātus erat.

Religiōnem Christiānam ab infantiā studēbat. Colēbat deum frequenter et cum summā pietāte. Exstrūxit basilicam Aquīsgrānī aurō et argentō. Fenestrīs atque ex aere solidō cancellīs et iānuīs adōrnāvit. Ad ecclēsiam et māne et vespere veniēbat. Item nocturnīs hōrīs et sacrificiī temporibus Rex Karolus aderat, quandō valētūdō permittēbat.

Vītam agēbat maximā honestāte. Sacrōrum vāsōrum ex aurō et argentō vestumque sacerdōtium prōcūrāvit magnam cōpiam. Erat ērudītus, quamquam ipse nec pūblicē legēbat, nec nisi in commūne cantābat.

vēnātiōnem *hunting*
  natātiōnem *swimming*
dēlectābātur *enjoyed*
  vapōribus *steam*
  calidārum *warm*
  nōn sōlum . . . sed etiam
  not only . . . but also
balneum *bath*
  interdum *sometimes*
ūnā *at one time*
pōtū *drink*
  temperāns *moderate*
  abōminābātur *despised*
  ēbrietātem *drunkenness*
lectōrem *reader*
  optāvit *preferred*
Sānctī *Saint*
  praecipuē *especially*
rārē *rarely*   bibēbat
  drank   aestāte *in summer*
quiēscēbat *napped*
perītissimē *expertly*
aequē *equally*
  patriā *native*
studiōsissimē *very*
  enthusiastically
  colēbat *pursued*
artem computandī
  arithmetic   cursum
  stellārum *astronomy*
tabulīs *tablets*   lectō *bed*
incohātus *unfinished*
summā *highest*   exstrūxit
  built   basilicam *cathedral*
  Aquīsgrānī *Aix*
aere *bronze*
  cancellīs *railings*
ecclēsiam *church*
  māne *in the morning*
  vespere *in the evening*
vāsōrum *vessels*
sacerdōtium *of priests*
ērudītus *learned*
  quamquam *although*
  ipse *he himself*
  in commūne *with a group*

EXERCISES

A. Place an **X** for any statement that, according to Einhard, is true of Charlemagne:

1. _____ Read aloud to show off his education.

2. _____ Bathed with large groups of people.

3. _____ Was short of stature, but strong of body.

4. _____ Liked to read Saint Augustine's writings.

5. _____ Decorated the church in Aix with gold and silver.

6. _____ Had large, lively eyes.

7. _____ Had no children, but many friends.

8. _____ Listened to a reader while he ate.

9. _____ Could scarcely read Latin.

10. _____ Studied astronomy and loved mathematical computation.

11. _____ Preferred chilled waters.

12. _____ Had gray hair.

13. _____ Was brought up in the Christian faith.

14. _____ Maintained his posture both sitting and standing.

15. _____ Wrote *The City of God*.

B. Match the Latin expressions in the left column with their English meanings in the right column. Write the matching letter in the space provided:

1. vītam agēbat honestāte _____	a. large and lively
2. rārē bibēbat _____	b. liked astronomy
3. poterat dīcere perītissimē _____	c. lived honorably
4. magnōs vegetōsque _____	d. morning and evening
5. dēlectābātur librīs _____	e. drank little
6. fenestrīs et iānuīs _____	f. rested after meals
7. post cibum quiēscēbat _____	g. spoke expertly
8. in commūne cantābat _____	h. enjoyed books
9. māne et vespere _____	i. windows and doors
10. paulō magnus _____	j. built a cathedral
	k. sang with a group
	l. slightly large
	m. studied diligently

C. Locate words in the passage that are related to the following English words:

1. January _____   6. constellation _____

2. centurion _____   7. venison _____

3. invalid _____   8. permit _____

4. consummate _____   9. invest _____

5. duality _____   10. antique _____

D. Copy from the passage and give the English meaning of the following grammatical forms:

1. pronoun subject of **legēbat**

_____

2. phrase referring to mathematics

_____

3. a possessive noun referring to clothing

_____

4. an abstract noun subject of **permittēbat**

_____

5. an adjective modifying **pietāte**

_____

6. a phrase referring to **vapōribus**

_____

7. two words modifying **formae**

_____

8. an adjective modifying **labor**

_____

9. an adverb describing enthusiasm for the liberal arts

_____

10. an adverb telling how the king exercised

_____

E. Underline the forms indicated:

1. INFINITIVE: aequē, temperāns, potēns, infantiā, doctōribus, scrībere, cēnā, capite, abōminābātur, coluit, dīcere

2. CONJUNCTION: et, eō, aut, nōn, quandō, -que, sed, ab, ad, item, nōn, ex, nec, ab, potēns, ac, rārē, laeta

3. ADVERB: aequē, iānuīs, cursum, lectō, item, ipse, paulō, artēs, vespere, bene, -que, aut, ēloquēns, frequenter

4. NOUN: posteā, cibum, vestēs, labor, honōrēs, rōbustum, rēgis, dignitātem, ostendit, vōx, cantābat, tribus

5. ADJECTIVE: dīligenter, solidō, vāsōrum, fenestrīs, adōrnāvit, temptābat, clāra, cōpiam, artem, dēpōnēbat

6. SINGULAR: līberālēs, perītissimē, magnās, nec, honestāte, calidārum, erat, stellārum, linguā, rēge, etiam, balneum

7. PLURAL: equōs, Karolus, vespere, hōrīs, agēbat, prōcūrāvit, colēbat, pūblicē, religiōnem, cīvitāte, corpus

F. Match the Latin prepositional phrases in the left column with their English meanings. Write the matching letter in the space provided:

1. in commūne _____
2. in capite _____
3. in verbīs _____
4. in tabulīs _____
5. in lectō _____
6. in cibō _____
7. cum patriā linguā _____
8. ex aere solidō _____
9. ab infantiā _____
10. ex aurō et argentō _____

a. on his head
b. in bed
c. in words
d. out of gold and silver
e. with his native language
f. out of solid bronze
g. as a group
h. from infancy
i. in food
j. on tablets

G. Define the italicized Latin root word of each English word below:

1. *ecclesi*astical _____

2. *sedent*ary _____

3. *honorable* _____

4. *century* _____

5. *potentially* _____

6. *aura* _____

7. *copious* _____

8. *bilingual* _____

9. *evaporation* _____

10. *solidify* _____

H. From at least three sources, find facts about Charlemagne's life and career. Organize your notes into sentence outline form.

I. Make an oral report on the political unrest that followed Charlemagne's death. Explain how his kingdom was divided.

J. Select the biography of a political leader and compare his or her daily life and habits with those of Charlemagne. Draw a conclusion about self-discipline as a means of developing character and strength.

K. On your own: Read the following lines describing Charlemagne's methods of child rearing and his loyalty to friends:

Līberī omnēs rēgis Karolī Magnī — fīliī fīliaeque — līberālēs artēs studēbant. Tum fīliī didicērunt equitāre ac vēnārī animālia ac pugnāre armīs bellī. Fīliae eius lānam fēcērunt.

didicērunt *learned*
equitāre *to ride horseback*
vēnārī *to hunt*
lānam *wool*

Karolus līberōs dūrē labōrāre et honestōs esse iussit. Dētestābātur pigritiam. Fīliōs ac fīliās ēducāvit magnā cūrā. Numquam domī sine familiā cēnābat. Numquam iter sine līberīs faciēbat.

Ex omnibus līberīs, duō fīliī et una fīlia ante rēgem mortuī sunt. Āmīsit Karolum et Pippinum, rēgem Ītaliae. Item Hruotrudem, fīliārum eius prīmōgenitam, āmīsit. Ea Constantīnō Graecōrum imperātōrī dēspōnsa erat.

Pippinus ūnum fīlium suum Bernhardum habuit. Fīliās autem quinque — Adalhaidem, Atulam, Gundradam, Berthaidem, ac Thēodorādam — relīquit. Līberōs Pippinī rēx amābat. Eīs documentum bonum ostendit. Post mortem Pippinī, Karolus nepōtēs cum cūrā ēducāvit.

Mortēs fīliōrum ac fīliae lacrimīs rēgem mōvērunt. Miserrimus erat. Etiam mortem Hadriānī Rōmānī imperātōris rēx lūgēbat — quasi frātrem aut cārissimum fīlium āmīserat. Erat enim amīcus fīrmus. Amīcōs multōs bonōs fēcit et cōnstanter retinēbat.

iussit *ordered*

dētestābātur *hated*
  pigritiam *laziness*
domī *at home*

Hruotrudem *Gertrude*
  prīmōgenita *firstborn girl*
dēspōnsa *betrothed*

Adalhaidem *Adelaide*
Atulam *Atula*
Gundradam *Gudrun*
Berthaidem *Bertha*
Thēodorādam *Theodora*
documentum *example*
nepōtēs *grandchildren*

lūgēbat *mourned*
  quasi *as if*
cārissimum *very dear*

XX CHRISTOPHER COLUMBUS

Epistula

BACKGROUND: *Christopher Columbus (ca. 1451–1506), whose voyages opened the New World to European exploration, composed a letter aboard the Niña and dated it February 15, 1493. In it he describes his first voyage. Translated from Spanish into Latin by Leander di Cosco, the epistle helped spread Columbus's first impressions of Caribbean island life to King Ferdinand and Queen Isabella as well as the rest of the Western hemisphere.*

This segment of the letter describes Columbus's deductions about the island and its inhabitants, which he gained from close contact and meticulous observation:

Dē Gādibus in Hispāniā navigāvī. Post XXXIII diēs in mare Indicum pervēnī. Plūrimās īnsulās et innumerōs hominēs invēnī. Īnsulās prō rēge nostrō accēpī. Ibi vexillum Hispāniae posuī.
Prīmam īnsulam prō Salvātōre nōmināvī. Aliās īnsulās appellāvī — aliam prō Sanctā Mariā Conceptiōnem, aliam Fernandinam, aliam Hysabellam, aliam Joānam. Nautae meae reliquās īnsulās nōmināvērunt.

Gādibus *Cadiz*

Indicum *Indian*
  innumerōs *innumerable*
vexillum *flag*
Salvātōre *Savior*

Hysabellam *Isabella*
  Joānam *John*

Occidentem prōcessī. Sed nūllum fīnem īnsulae invēnī. Cathaī prōvinciam esse crēdidī. Vīdī nūlla oppida aut mūnicipia.

Cum populīs dīcere nōn potuī. Nautās vidēbant et fugiēbant. Ambulāvī ultrā. Via nōs ad septentriōnēs dūcēbat. Revertī ad nāvem. Duās nautās ēmīsī ad rēgem īnsulae. Nautae ambulāvērunt trēs diēs. Vīcōs parvōs multōs invēnērunt.

Nāvigāvī orientem CCCXXII mīlia passuum. Invēnī terminum īnsulae. Procul aliam īnsulam vīdī. Prō Hispāniā īnsulam cēpī.

Īnsulae fertilēs sunt. Multa lītora lāta habent. Flūmina bona in terrā fluunt. Multī montēs altissimī sunt. Omnēs īnsulae pulcherrimae sunt et plēnae arborum dīversārum. Aliae arborēs flōrent; aliae plēnae frūctibus sunt.

In Jōanā septem aut octō genera palmārum crēscunt. Item sunt pīnī magnae, campī vāstī, dīversae avēs, mel, et metalla varia. Sed ferrum nōn habent.

Populus, timidus et perterritus, multa arma nōn habet. Calamōs cum dūrīs punctīs portant. Benevolentiam magnam dēmōnstrant. Multa dant. Contentae sunt. Populīs dōna pulchra et ūtilia dedī.

---

occidentem *west*

Cathaī *China*
  crēdidī *I believed*
  mūnicipia *free towns*
ultrā *farther*
  septentriōnēs *north*
ēmīsī *I sent out*
vīcōs *villages*

orientem *east*
  mīlia passuum *miles*

fluunt *flow*

plēnae *full*
  dīversārum *different kinds*
flōrent *bloom*
  frūctibus *fruit*
crēscunt *grow*
pīnī *pines* mel *honey*
ferrum *iron*

perterritus *terrified*

calamōs *reeds*
  punctīs *points*
  benevolentiam *goodwill*

EXERCISES

A. Locate words and phrases in the passage with the following meanings:

1. pretty and useful gifts _____

2. great goodwill _____

3. seven or eight kinds _____

4. I could not talk _____

5. full of different kinds of trees _____

6. reeds with points _____

7. I called another Isabella _____

8. many wide beaches _____

9. 322 miles _____

10. and various metals _____

B. Match the Latin words in the left column with their English meanings. Write the matching letter in the space provided:

1. arborum	_____	a.	sea
2. duās	_____	b.	fruits
		c.	days
3. mare	_____	d.	many
4. īnsulae	_____	e.	king
5. frūctibus	_____	f.	two
6. diēs	_____	g.	show
		h.	weapons
7. arma	_____	i.	islands
8. rēge	_____	j.	trees
9. multī	_____		
10. dēmōnstrant	_____		

C. Locate the singular form of these words in the passage:

1. timidī _____   6. termina _____

2. habent _____   7. vexilla _____

3. maria _____   8. prōvinciās _____

4. terrīs _____   9. nāvēs _____

5. cēpimus _____   10. rēgēs _____

D. Underline the word that best completes each sentence. Then write the English meaning in the space provided:

1. Georgia can name six _____ of card games.
   (a) metalla   (b) genera   (c) dīversae   (d) fīnem   (e) passuum

2. Even though I searched, I found _____ ten-cent stamp.
   (a) cēpī   (b) revertī   (c) dant   (d) sānctae   (e) nūllum

3. The Big Dipper appears in the _____ part of the sky.
   (a) septentriōnēs   (b) occidentem   (c) Indicum   (d) innumerōs   (e) ultrā

4. The manager expressed _____ to our newest clients.
   (a) Gādibus   (b) item   (c) benevolentiam   (d) mel   (e) lītora

5. I _____ that Marcus would keep his word.
   (a) plēnae   (b) crēdidī   (c) ēmīsī   (d) fluunt   (e) flōrent

E. Locate in the passage a word that is related to each of these English words:

1. September _____   6. variety _____

2. centrifuge _____   7. armadillo _____

3. campus _____   8. monstrous _____

4. emission _____   9. fertility _____

5. reverted _____   10. duo _____

F. Name the part of speech of the following words:

1. _____ crēscunt, habent, posuī, pervēnī, navigāvī

2. _____ post, in, dē, prō, ad

3. _____ omnēs, octō, pulchra, duās, meae

4. _____ Joanā, populīs, terminum, oppida, vexillum

5. _____ procul, nōn, ibi, ultrā, item

G. Mark the following statements either **T** for true or **F** for false:

1. _____ Columbus does not hesitate to take away the Indians' weapons.

2. _____ Columbus names the first island he finds in honor of the king.

3. _____ The inhabitants do not attack their visitors.

4. _____ The ships sail 33 days from Cadiz before reaching the islands.

5. _____ Columbus finds abundant palm trees, birds, and honey, but no iron.

6. _____ Columbus's ships lack an adequate number of beaches for landing on the islands.

7. _____ Columbus visits the king of China.

8. _____ The natives lack an abundant supply of fresh water.

9. _____ Two of Columbus's sailors explore the island for three days.

10. _____ The islands are marked by flat land and generous people.

H. Write sentences in which you use English derivatives of these Latin words: frūctibus, duās, fluunt, benevolentiam, pūnctīs.

I. Make a list of ten questions that you would ask Columbus about his voyage.

J. Write a paragraph describing Columbus's life after he returned from discovering the New World. Explain why he suffered imprisonment and poverty.

K. On your own: Read the following lines from the last portion of Columbus's letter:

Nec tardus nec indoctus populus est. Illī ingenium ācer et altum dēmōnstrant. Numquam hominēs in vestibus neque nāvēs multās vīdērunt.

indoctus *ignorant* illī *they*
ingenium *wit* ācer *keen*

Indōs ab insulā cēpimus. Illōs docuimus; item nautās docuē-runt. Prīmō ā signīs populum docuimus. Deinde verba docuimus. Ūtilēs mihi Indī erant.

Crēdidērunt mē ā caelō saluisse. Aliīs vocāvērunt. "Venīte, venīte! Virōs ā caelō vidēmus!"

saluisse *leaped*

Nūllī nōs timēbant — virī, fēminae, līberī, juvenēs, senēs. Dīligenter nautās multitūdō spectāvit. Viās complēvērunt. Aliī cibum, aliī pōtum, amīcitiā benevolentiāque portābant.

Ūna insula lintrēs multās habēbat. Lintrēs erant angustae, sed similēs nostrīs et celeriōrēs erant. Rēmīs lintrēs Indī movēbant. Aliae magnae, aliae parvae, aliae mediae erant. Ā lintribus ad cēterās insulās innumerās prōcēdēbant. Aliae LXX aut LXXX Indōs portābant.

In insulīs vir commūnis sōlam ūnam uxōrem habēbat. Tamen prīncipēs vel rēgēs vīgintī uxōrēs habēre poterant. Labōrem fēminae faciēbant. Cum aliīs partiēbant cibōs carnēsque. Ātrī nōn erant. Capillōs longōs rēctōs habēbant. Indī calidissimōs cibōs edēbant.

nūllī *none* nōs *we*
  juvenēs *youths*
  senēs *old people*
multitūdō *crowd*
  complēvērunt *filled*
pōtum *drink*
lintrēs *canoes*
  angustae *narrow*
celeriōrēs *swifter*
  rēmīs *oars*
cēterās *rest of*

partiēbant *they shared*
  carnēs *meats* ātrī *black*
capillōs *hair*
  rēctōs *straight*
  calidissimōs *very hot*
edēbant *eat*

Vocābula

The nominative and genitive endings and the gender are given for nouns: **actor -ōris** *m.*

The first person present, the present infinitive, and the first person perfect are given for verbs: **expendō expendere expendī.**

The masculine, feminine, and neuter forms are given for adjectives: **clārus -a -um.** Adjectives of the third declension with one ending are followed by a semicolon and the genitive singular: **vetus; veteris.**

In words of three or more syllables, a dot is under the stressed syllable: **convivium.** A stressed syllable containing a diphthong is indicated as follows: **Eurōpaeus.**

Italicized endings indicate the point at which other endings are attached. The following abbreviations occur:

abl	= ablative	*f*	= feminine	*n*	= neuter
acc	= accusative	*indecl*	= indeclinable	*pl*	= plural
conj	= conjunction	*interj*	= interjection	*pref*	= prefix
dat	= dative	*m*	= masculine	*prep*	= preposition

A

a, ab *prep* + *abl* from; by
ac *conj* and
accipiō accipere accēpī to receive, take
ad *prep* + *acc* to, toward, at, near
aedificō aedificāre aedificāvī to build
agō agere ēgī to do; to spend; to live
agricola -*ae* *m* farmer
albus -*a* -*um* white
alius -*ī* *pron* some
altus -*a* -*um* high
ambulō ambulāre ambulāvī to walk; to travel
amīcitia -*ae* *f* friendship
amīcus -*ī* *m* friend
amō amāre amāvī to love, like
amor -*ōris* *m* love
animal -*ālis* *n* animal
annus -*ī* *m* year
ante *prep* + *acc* before
antīquus -*a* -*um* ancient, early
appellō appellāre appellāvī to name, call

apud *prep* among
aqua -*ae* *f* water
argentum -*ī* *n* silver
arma armōrum *n* *pl* weapons
atque *conj* and
auctōritās -*ātis* *f* authority, judgment
aurum -*ī* *n* gold
aut *conj* or
auxilium -*ī* *n* help, assistance
avis -*is* *f* bird

B

beātus -*a* -*um* blessed
Belgae -*ārum* *n* Belgians
bellum -*ī* *n* war
bene *adv* well
beneficium -*ī* *n* benefit
bonus -*a* -*um* good
brevis -*is* -*e* short
Britannī -*ōrum* *m* *pl* British
Britannia -*ae* *f* Britain

C

caelum -*ī* *n* sky; heaven
campus -*ī* *m* field, plain
cantō cantāre cantāvī to sing

capiō capere cēpī to take, capture
casa -*ae* *f* house
castra -*ōrum* *n* *pl* camp
causa -*ae* *f* reason
cēdō cēdere cessī to yield, give up
celer -*eris* -*ere* swift
celeritās -*ātis* *f* speed
celeriter *adv* quickly
certē *adv* certainly, indeed
certus -*a* -*um* sure, certain
ceteri -*ae* -*a* the rest
cibus -*i* *m* food
circum *prep* + *acc* around
clāmō clāmāre clāmāvī to shout, call out
clārē *adv* clearly
clārus -*a* -*um* clear
cognōscō cognōscere cognōvī to know
colōnia -*ae* *f* colony
commūnis -*e* common
comparō comparāre comparāvī to compare
computō computāre computāvī to count

119

consilium -ī *n* advice
consul -sulis *m* consul
contentus -a -um content, happy
continuo continuāre continuāvī to continue
contrā *prep* + *acc* against
conversātiō ōnis *f* conversation
convocō convocāre convocāvī to call together
cōpia -ae *f* supply
corpus -oris *n* body
crēdō crēdere crēdidī to believe
cum *prep* + *abl* with
cūr *adv* why
cūra -ae *f* care
currō currere cucurrī to run

D

dē *prep* + *abl* about
dēbeō debēre dēbuī to owe; should
decem *indecl* ten
dēfendō dēfendere dēfendī to defend
dēfōrmātus disfigured
deinde *adv* then
dēmonstrō dēmonstrāre dēmonstrāvī to show, display
descendō descendere descendī to come down, descend
describō describere descripsī to describe
dēsertus -a um deserted
dēsīderō dēsīderāre dēsīderāvī to want, wish
deus -ī *m* god
dexter -tra -trum right
dīcō dīcere dixī to say
diēs diēi *m* day
difficilis -e difficult
difficultās -ātis *f* difficulty
dīligenter *adv* carefully
discēdō discēdere discessī to depart
dō dare dedī to give
doceō docēre docuī to teach
domina -ae *f* mistress, lady
dōnō donāre donāvī to give
dōnum -i *n* gift
dūcō dūcere duxī to lead
duo duae duo two

dūrus -a -um hard, harsh
dux ducis *m* leader

E

e, ex *prep* + *abl* out of, from
ea *pron* she, these
eadem *pron f* same
eam *pron f* it
eās *pron f* them
ēdūcō ēdūcere ēduxī to lead out
ego *pron* I
eī *pron* to him
eīs *pron* them
eius *pron* his, her, its
eō *pron* him
eōrum *pron* of them
eōs *pron* them
equus -i *n* horse
ergō *adv* therefore
errō errāre errāvī to wander
et *conj* and
etiam *adv* even; also
eum *pron* him
Eurōpa -ae *f* Europe
excēdō excēdere excessī to depart
exercitus -ūs *m* army
expellō expellere expulī to drive out, drive away
exspectō exspectāre exspectāvī to await

F

facile *adv* easily
facilis -e easy
faciō facere fēcī to make, create
falsus -a -um false
fāma -ae *f* report
familia -ae *f* family
fēmina -ae *f* woman
fidēlis -e faithful
filia -ae *f* daughter
filius -i *m* son
finis -is *m* end
firmus -a -um firm
flōs flōris *m* flower
flūmen -inis *n* river
forma -ae *f* shape
fortis -e brave, strong; fortissimi bravest
fortūna -ae *f* luck
frāter -tris *m* brother

frūmentum -ī *n* grain
fugiō fugere fūgī to flee, scatter

G

Gallī -ōrum *m pl* Gauls (French)
Gallia -ae *f* Gaul (France)
Gallus -a -um Gallic (French)
gemma -ae *f* gem, jewel
Germānī -ōrum *m pl* Germans
Germānia -ae *f* Germany
gerō gerere gessī to bear
gladius -ī *m* sword
glōria -ae *f* glory
Graecus -a -um Greek
grātia -ae *f* gratitude
grātus -a -um pleasing
gravis -e heavy

H

habeō habēre habuī to have
habitō habitāre habitāvī to live, dwell
herba -ae *f* grass
hīc, haec, hōc this, these
histōria -ae *f* story, history
homō -inis *m* human being
honestās -ātis *f* honesty
honestus -a -um honest
honor -ōris *m* honor
honōrō honorāre honorāvī to honor
hōra -ae *f* hour
hostis -is *m* enemy
hūmānus -a -um human

I

iaciō iacere iēcī to throw
iam *adv* now
ibi *adv* there
id *pron* it
ignis -is *m* fire
ille -a -ud *pron* that; he, that man; she, that woman; it, that thing; illī they
immortālitās -ātis *f* immortality
in *prep* + *abl* in, on; + *acc* into
incertus -a -um uncertain, unsure
infans -antis *m* child, baby
inimīcus -ī *m* enemy
insula -ae *f* island
inter *prep* + *acc* between

interficiō interficere interfēcī to kill
inveniō invenīre invēnī to find
ipsa *pron* itself
ita *adv* so, yes
Ītalia *-ae* f Italy
iūcundus *-a -um* pleasant
iustitia *-ae* f justice

L

labor ōris m trouble; work
labōrō laborāre laborāvī to work
laetus *-a -um* happy, glad
laudō laudāre laudāvī to praise
legiō *-ōnis* f legion
levis *-e* light
leviter *adv* lightly
lex lēgis f law
liber librī m book
līberī *-ōrum* m pl children
lingua *-ae* f language
locō locāre locāvī to place, set
locus *-ī* m place; loca n pl places
longus *-a -um* long
lūna *-ae* f moon
lux lūcis f light

M

magister *-trī* m teacher
magnus *-a -um* great, large
malus *-a -um* bad, evil
maneō manēre mansī to remain, stay
mare *-is* n sea
māter *-tris* f mother
mātrimōnium *-i* n marriage
mātūrō maturāre maturāvī to hurry; to grow
maximus *-a -um* largest, greatest
mē *pron* me, myself
medicīna *-ae* f remedy
medius *-a -um* middle (of)
memoria *-ae* f memory
meus *-a -um* my, mine
mihi *pron* to me
mīles *-itis* m soldier
mīlia *-ium* n pl thousands
mille *indecl* one thousand
miser *-era -erum* poor; miserable
mittō mittere mīsī to send
mons montis m mountain, hill
monstrō monstrāre monstrāvī to show

mors mortis f death
mortuus *-a -um* dead
moveō movēre mōvī to move
mox *adv* soon
multus *-a -um* much, many
mūrus *-i* m wall
mūsica *-ae* f music
mūtō mutāre mutāvī to change

N

nam *conj* for, since
narrō narrāre narrāvī to tell, narrate
nātūra *-ae* f nature
nauta *-ae* m sailor
nāvis *-is* f ship
-ne *suffix (attached to the first word of a sentence, introducing a question expecting a yes or no answer)*
nec *conj* and not, nor
nihil *indecl* nothing
nōbīlis *-e* noble
nōmen *-inis* n name
nōminō nomināre nomināvī to name
nōn *adv* not
noster *-tra -trum* our
novus *-a -um* new
nox noctis f night
nullus *-a -um* no
numerus *-i* m number
numquam *adv* never
nunc *adv* now

O

oculus *-ī* m eye
ōlim *adv* once
omnis *-e* each; omnes all
oppidum *-ī* n town
optimus *-a -um* best
ōrātiō *-ōnis* f speech

P

parēns *-entis* f parent
pars, partis f part
parvus *-a -um* small, little
pater, tris m father
patria *-ae* f country, native land
paucī *-ae -a* few; paucissima very few
pax pācis f peace

pecūnia *-ae* f money
per *prep* + *acc* through; in
perīculum *-i* n danger
petō, petere, petīvī to seek, look for; to attack
philosophia *-ae* f philosophy
planta *-ae* f plant
poena *-ae* f punishment
pōnō pōnere posuī to place, put, set
populus *-ī* m people
porta *-ae* f gate
portō portāre portāvī to carry, bear
possessiō *-ōnis* f possession
possum posse potuī to be able
post *prep* + *acc* after
posteā *adv* later, afterward
potentia *-ae* f power
potestās *-ātis* f power, strength, ability
praemium *-ī* n reward
preparō preparāre preparāvī to prepare
prīmō *adv* at first
prīmus *-a -um* first
prīvātus *-a -um* private
prō *prep* + *abl* for
prōcēdō prōcēdere prōcessī to come (forward); to go, march
prōclāmō prōclāmāre prōclāmāvī to proclaim, announce
prōdūcō prōdūcere prōdūxī to produce
proelium *-ī* n battle
prōvocō prōvocāre prōvocāvī to call forth, summon
pūblicus *-a -um* public
puella *-ae* f girl
puer puerī m boy
pugna *-ae* f fight
pugnō pugnāre pugnāvī to fight
pulcher pulchra pulchrum beautiful
pūrus *-a -um* pure
putō putāre putāvī to think

Q

quandō *adv* when
quattuor *indecl* four
-que *conj* and

quī *pron* who, which; **quibus**
which; **quās** which; **quae**
which
quiētē *adv* quietly
quis *pron* who
quod *conj* because

R

rārē *adv* rarely
rārus -a -um rare; rarissimae
rarest
recipiō recipere recēpī to
receive
rēgīna -ae *f* queen
regnum -ī *n* kingdom
regō regere rexī to rule
reliquus -a -um remaining, rest
of
remaneō remanēre remansī to
remain
removeō removēre remōvī to
remove
rēs reī *f* thing; rēs pūblica
republic (state); rēs gestae
deeds
respondeō respondēre respondī
to reply, answer
reveniō revenīre revēnī to
return
revolvō revolvere revolvī to
turn
rex rēgis *m* king
rogō rogāre rogāvī to ask
Rōma -ae *f* Rome
Rōmānus -a -um Roman;
Rōmānī Romans

S

sacer sacra sacrum sacred, holy
saepe *adv* often
salūs -ūtis *f* safety
sanctus -a -um holy, sacred
scientia -ae *f* knowledge
scrībō scrībere scrīpsī to write
sed *conj* but
sedeō sedēre sēdī to sit

semper *adv* always
senātor -ōris *m* senator
senex -is *m* old person
sententia -ae *f* opinion
septem *indecl* seven
servus -ī *m* slave
sī *conj* if
signum -ī *n* signal
silens -entis silent
silva -ae *f* forest
similis -e similar, like
similiter *adv* similarly, in like
manner
sine *prep* + *abl* without
sinister -tra -trum left
sōl sōlis *m* sun
sōlus -a -um alone
spatium -ī *n* space, interval
spectō spectāre spectāvī to
look at, watch, examine
spērō spērāre spērāvī to hope
stella -ae *f* star
stō stāre stetī to stand
sub *prep* + *abl* under, beneath
sum esse fuī to be
super *prep* + *acc* above, over
superō superāre superāvī to
conquer; to defeat
suus -a -um her own, his own,
its, their own

T

tamen *adv* nevertheless,
however
tardē *adv* slowly
tē *pron* you
templum -ī *n* temple
temptō temptāre temptāvī to
try
teneō tenēre tenuī to hold,
grasp
terra -ae *f* earth
terreō terrēre terruī to scare,
terrify
terribilis -e terrible
tibi *pron* your, to you

timeō timēre timuī to be afraid
(of)
tolerō tolerāre tolerāvī to tolerate
tōtus -a -um whole, total
tranquillus -a -um peaceful, serene
trans *prep* + *acc* across
tribūnus -ī *m* tribune
triumphus -ī *m* victory parade
Trōiānus -a -um Trojan
tū *pron* you
tum *adv* then
tūtus -a -um safe
tuus -a -um your

U

ubī *adv* where, when
ultimus -a -um last, final
umquam *adv* ever
ūnā *adv.* together
unda -ae *f* wave
ūnus -a -um one
urbs -is *f* city
ūtilis -e useful
uxor -ōris *f* wife

V

vastō vastāre vastāvī to destroy
veniō venīre vēnī to come
ventus -ī *m* wind
verbum -ī *n* word
vērus -a -um true
vester -tra -trum your *pl*
vestis -is *f* clothing
via -ae *f* way, road
victōria -ae *f* victory
videō vidēre vīdī to see
vincō vincere vīcī to conquer
vir virī *m* man
vīsitō visitāre visitāvī to visit
vīta -ae *f* life
vīvō vīvere vixī to live
vīvus -a -um alive
vocō vocāre vocāvī to call
volō velle voluī to wish, want
volō volāre volāvī to fly
vōs *pron* you *pl*